Kohlhammer

Interdisziplinäre Frühförderung

Herausgegeben von
Andreas Seidel und Hans Weiß

Die Autorin, der Autor

Prof. Dr. Liane Simon ist Professorin für Transdisziplinäre Frühförderung an der MSH Medical School Hamburg.
Prof. Dr. med. Jürgen Kühl, ehem. Vorsitzender und stellvertr. Vorsitzender Vereinigung für Interdisziplinäre Frühförderung, VIFF e. V., ehem. Vorstandsmitglied European Association on Early Intervention, EURLYAID

Liane Simon, Jürgen Kühl

Interdisziplinäre Zusammenarbeit und inklusive Frühförderung

Verlag W. Kohlhammer

Dieses Werk einschließlich aller seiner Teile ist urheberrechtlich geschützt. Jede Verwendung außerhalb der engen Grenzen des Urheberrechts ist ohne Zustimmung des Verlags unzulässig und strafbar. Das gilt insbesondere für Vervielfältigungen, Übersetzungen, Mikroverfilmungen und für die Einspeicherung und Verarbeitung in elektronischen Systemen.

Die Wiedergabe von Warenbezeichnungen, Handelsnamen und sonstigen Kennzeichen in diesem Buch berechtigt nicht zu der Annahme, dass diese von jedermann frei benutzt werden dürfen. Vielmehr kann es sich auch dann um eingetragene Warenzeichen oder sonstige geschützte Kennzeichen handeln, wenn sie nicht eigens als solche gekennzeichnet sind.

Es konnten nicht alle Rechtsinhaber von Abbildungen ermittelt werden. Sollte dem Verlag gegenüber der Nachweis der Rechtsinhaberschaft geführt werden, wird das branchenübliche Honorar nachträglich gezahlt.

Dieses Werk enthält Hinweise/Links zu externen Websites Dritter, auf deren Inhalt der Verlag keinen Einfluss hat und die der Haftung der jeweiligen Seitenanbieter oder -betreiber unterliegen. Zum Zeitpunkt der Verlinkung wurden die externen Websites auf mögliche Rechtsverstöße überprüft und dabei keine Rechtsverletzung festgestellt. Ohne konkrete Hinweise auf eine solche Rechtsverletzung ist eine permanente inhaltliche Kontrolle der verlinkten Seiten nicht zumutbar. Sollten jedoch Rechtsverletzungen bekannt werden, werden die betroffenen externen Links soweit möglich unverzüglich entfernt.

1. Auflage 2023

Alle Rechte vorbehalten
© W. Kohlhammer GmbH, Stuttgart
Gesamtherstellung: W. Kohlhammer GmbH, Stuttgart

Print:
ISBN 978-3-17-034430-3

E-Book-Formate:
pdf: ISBN 978-3-17-034431-0
epub: ISBN 978-3-17-034432-7

Inhaltsverzeichnis

Vorwort der Herausgeber	9

Teil I: Interdisziplinäre Zusammenarbeit

Interdisziplinäre Zusammenarbeit	15

Liane Simon

1	Einführung	15
2	Probleme der interdisziplinären Zusammenarbeit	20
3	Argumente für interdisziplinäre Zusammenarbeit	22
4	Grundlegende Gedanken zur interdisziplinären Zusammenarbeit	30
5	Einflussfaktoren auf interdisziplinäre Zusammenarbeit	33
6	Einbezug der Eltern und Erziehungsberechtigten	44
7	Voraussetzungen für gute interdisziplinäre Zusammenarbeit in der Frühförderung	46
8	Methodisches Vorgehen	50
9	ICF als gemeinsame Sprache	66
10	Fazit und Ausblick	70
Literatur		72
Anhang		75

Teil II: Inklusion – Konzeptionelle Öffnung der Interdisziplinären Frühförderung?

Inklusion – Konzeptionelle Öffnung der Interdisziplinären Frühförderung?   83

Jürgen Kühl

Einführung		84
1	Verortung von Inklusion für die Interdisziplinäre Frühförderung	86
2	Konzeptionelle Vorläufer von Inklusion	88
3	Verständnis von Inklusion	89
4	Inklusion im gesellschaftlichen Diskurs	91
5	Beziehung zwischen Partizipation und Inklusion	93
6	Konsequenzen der Umsetzung von Inklusion für Kinder mit Beeinträchtigung ihrer Entwicklung	97
7	Frühförderung vor der konzeptionellen Einbeziehung der Inklusion	99
8	Inklusion: Allgemeine Herausforderungen für die Interdisziplinäre Frühförderung	102
9	Inklusion und kulturelle Entwicklung: Konzeptionelle Herausforderungen für die Interdisziplinäre Frühförderung	112
10	Ansätze zu professionellem inklusivem Handeln im Sinne von Partizipation und Inklusion	113
11	Auswirkungen inklusiver Arbeit auf Institutionen der Frühförderung	130
12	Bedeutung von Netzwerkarbeit für Inklusion	135
13	Herausforderungen in der Zusammenarbeit zwischen der Interdisziplinären Frühförderung und Krippen bzw. Kindergärten	138

14	Erforderliche Fachlichkeit für inklusiv arbeitende Krippen und Kindergärten	142
15	Grundlagen der Interdisziplinären Frühförderung im Studium der Frühpädagogik	146
16	Inklusion: Konsequenzen für die Ausbildung aller in der Frühförderung tätigen Fachkräfte	148
17	Schlussbetrachtung	152
Nachwort als »Linguistischer Epilog«		155
Literatur		158

Vorwort der Herausgeber

Wissenschaftliche Erkenntnisse der letzten beiden Jahrzehnte zeigen auf, wie bedeutend die ersten Lebensmonate für ein Kind und seine weiteren Entwicklungschancen sind. Kinder »sind oft schon ab der Pränatalzeit einem ›Hemmungszirkel‹ interagierender und kumulierender psychosozialer und biologischer Faktoren ausgesetzt. Ihm ist rechtzeitig – d. h. oftmals frühestmöglich – ein interdisziplinärer ›Förderzirkel‹ entgegenzusetzen, der aus nachgehenden Frühen Hilfen, z. B. Familien-Gesundheitsfachkräften, und Interdisziplinären Frühförderstellen besteht. Eng verzahnt können beide Systeme inklusive und integrative Hilfe und Förderung anbieten« (Weiß, 2022, S. 116). Kinder, die unter erschwerten Bedingungen aufwachsen (z. B. Kinder aus Familien mit einem niedrigen sozioökonomischen Status und/oder anderen Risikofaktoren) haben die Möglichkeit, dass sie und ihre Familien Unterstützungsleistungen von Fachkräften in Anspruch nehmen können.

Die Frühförderung ist ein bundesweites Hilfesystem, das bereits seit fünf Jahrzehnten Kinder und ihre Familien in ihrer Entwicklung möglichst früh unterstützt. Dabei hat sich die Frühförderung in den letzten Jahrzehnten kontinuierlich verändert und verändern müssen.

Interdisziplinarität scheint wie selbstverständlich zur Frühförderung zu gehören. An vielen Orten ist das bereits eine seit vielen Jahren, oftmals von Beginn der Frühförderung an gelebte Praxis. Die Vereinigung für Interdisziplinäre Frühförderung (VIFF) mit ihrem Bundes- sowie den Landesverbänden hat das Thema Interdisziplinarität kontinuierlich öffentlich gemacht und dazu beigetragen, dass sich interdisziplinäre Zusammenarbeit auch in der Frühförderpraxis immer weiter entwickeln konnte. In dem im Jahr 2001 eingeführten Sozialgesetzbuch IX (SGB IX) und der darauf aufbauenden Frühförderungsverordnung (FrühV) wurde mit der »Komplexleistung« ein interdisziplinärer Standard in der Frühförderung gesetzlich festgelegt. Als Komplexleistung, die medizinisch-therapeutische, (heil-)pädagogische und psychosoziale Leistungen im Verbund umfasst, kann Frühförderung für Kind und Familie individuell ausgestaltete interdisziplinäre Angebote verschiedener Art »aus einer Hand« beinhalten.

Heute bieten über 1000 Frühförderstellen sowie die Sozialpädiatrischen Zentren Leistungen der Frühförderung an. Dabei ist die Ausgestaltung in den einzelnen Bundesländern (immer noch) sehr unterschiedlich, und für viele Kinder beginnt die Frühförderung meist erst mit dem fünften oder sechsten Lebensjahr, also eher spät als früh. Die Antrags- und Bewilligungspraxis ist dabei oft von den Erfahrungen, dem Wissensstand und den Einstellungen beteiligter Fachkräfte abhängig.

Nach dem Ratifizieren der UN-Behindertenrechtskonvention (UN-BRK) im Jahr 2008 wurden in Deutschland zahlreiche Änderungen mit dem Bundesteilhabegesetz (BTHG, ab 2017) in den Sozialgesetzbüchern implementiert. Bereits 2011 fand in Berlin das VIFF-Symposium unter dem Motto »Spannungsfeld Frühförderung: exklusiv – kooperativ – inklusiv« statt. Hier wurde erstmals auf nationaler Ebene im Rahmen eines Frühförderkongresses das Thema Inklusion und Frühförderung ausführlich und kritisch diskutiert. Denn bis dahin war die Frühförderung meist als individuelle Eingliederungshilfe eine eher exklusive Maßnahme für Kinder und deren Familien. Die Inklusion hat die Interdisziplinäre Frühförderung vor neue Herausforderungen gestellt und zur Weiterentwicklung angeregt. Mit dem BTHG wurde beispielsweise das offene Beratungsangebot in der Frühförderung als ein niedrigschwelliger Zugang für alle Familien geschaffen, die ein Entwicklungsproblem bei ihrem Kind vermuten. Erste Pilotprojekte in Deutschland zeigen, dass Inklusive Interdisziplinäre Frühförderung in der Lage sein kann, den neuen gesellschaftlichen Herausforderungen vor Ort (im Sozialraum) erfolgreich begegnen zu können. Trotzdem gilt: Der geforderte Paradigmenwechsel beim Thema (drohende) Behinderung in der UN-BRK und dem BTHG mit einer klaren Teilhabe- und Kontextorientierung ist auch heute in Deutschland noch nicht hinreichend vollzogen.

Mit der Verabschiedung des Kinder- und Jugend-Stärkungsgesetz (KJSG, 2021) wurde festgelegt, dass mit einer Übergangszeit bis 2028 die Jugendhilfe die Leistungen der Eingliederungshilfe bei der Frühförderung übernehmen wird. Das ist sicherlich die nächste neue und große Herausforderung, aber auch Chance für die Frühförderung. Die Frühförderung muss auch diese neue Aufgabe annehmen, Ausgestaltungsmöglichkeiten aufzeigen und diese mit den Kolleg*innen der Kinder- und Jugendhilfe diskutieren.

Dieser Band widmet sich daher schwerpunktmäßig zwei zentralen Querschnittsthemen in der Frühförderung: der Zusammenarbeit der Fachkräfte aus den beteiligten Berufsgruppen und den Herausforderungen, die sich durch das Inklusionsparadigma ergeben. Das Buch zeigt im ersten Teil, wie die Anwendung der Internationalen Klassifikation der Funktionsfähigkeit, Behinderung und Gesundheit (ICF) als gemeinsame Sprache für alle Fachleute und die Familien den Verständigungsprozess aller Beteiligten unterstützen kann. Der zweite Teil erörtert, wie mit der Familienorientierung im Grundverständnis der Interdisziplinären Frühförderung die Voraussetzung von Inklusion schon angelegt ist. Der Inklusionsgedanke bestätigt und stärkt das Grundkonzept der Interdisziplinären Frühförderung, weil und insofern sie auf der Familienebene die Grundlage für die Teilhabe an einer inklusiven Gesellschaft schafft.

Als Autor*innen konnten wir hierfür Frau Prof. Dr. Liane Simon sowie Herrn Prof. i. R. Dr. Jürgen Kühl gewinnen, die nicht nur als ausgewiesene Fachleute in der Frühförderung (Early Childhood Intervention) national und international zu diesen Themen bekannt und anerkannt sind, sondern auch in Deutschland diese Inhalte wesentlich mitgestaltet und geprägt haben.

Andreas Seidel
Hans Weiß

Teil I:

Interdisziplinäre Zusammenarbeit

Interdisziplinäre Zusammenarbeit

Liane Simon

1 Einführung

Im ersten Teil dieses Bandes geht es um die interdisziplinäre Zusammenarbeit in den Arbeitsbereichen der Frühförderung. »Interdisziplinarität« ist ein Grundbegriff in der Frühförderung und stellt ein zentrales Arbeitsprinzip dar, das in Frühförderstellen die Handlungen der Fachleute leiten soll (vgl. Thurmair & Naggl, 2007, S. 29f.). Seit 2001 ist dieses Arbeitsprinzip auch gesetzlich verankert: Frühförderstellen in Deutschland sollen die Komplexleistung

Frühförderung interdisziplinär anbieten. So steht es im Sozialgesetzbuch neun (SGB IX, § 46):

> »[...] (3) Leistungen nach Absatz 1 werden in Verbindung mit heilpädagogischen Leistungen nach § 79 als Komplexleistung erbracht. Die Komplexleistung umfasst auch Leistungen zur Sicherung der Interdisziplinarität ...« (Internetquelle: Bundesministerium der Justiz und für Verbraucherschutz).

Interdisziplinäre Frühförderstellen bieten heilpädagogische in Verbindung mit medizinischen Leistungen an. Dabei umfassen die heilpädagogischen Leistungen gemäß § 79(2) SGB IX auch medizinisch-therapeutische, psychologische, sonderpädagogische und psychosoziale Leistungen. Das sind Leistungen, die von jeweils verschieden ausgebildeten Fachleuten erbracht werden. Die Angebote interdisziplinärer Frühförderstellen sollen also multiprofessionell erbracht werden. Konkretisiert wird das in der Gesetzesbegründung zu § 6a, FrühV:

> »[...] Als interdisziplinäre Leistung beinhaltet die Komplexleistung Frühförderung auch den Austausch der beteiligten Fachrichtungen in Form von Teambesprechungen, die Dokumentation von Daten und Befunden, die Abstimmung und den Austausch mit anderen, das Kind betreuenden Institutionen und gegebenenfalls Fortbildung und Supervision. Diese zusätzlichen Leistungen sichern den Austausch der beteiligten Fachrichtungen und damit den interdisziplinären Charakter der Komplexleistung Frühförderung ...« (Drs 18/9522, S. 360f.).

Die Leistungen der interdisziplinären Frühförderung sind demnach nur dann eine Komplexleistung, wenn es gemeinsame Teambesprechungen gibt, gemeinsame Dokumentationen erbracht werden und sich die Fachleute untereinander abstimmen bzw. austauschen. Diese explizite Forderung nach interdisziplinärer Zusammenarbeit in der Frühförderung wird auch von den verschiedenen Fachvertreterinnen und -vertretern in der Frühförderung tätigen Berufsgruppen als notwendiges Prinzip gesehen. Die jeweiligen Angebote, die erforderlich sind, um den Kindern mit ihren vielfältigen Bedürfnissen, Problemen und Ressourcen gerecht zu werden, müssen vorgehalten und passend eingesetzt werden. Darüber hinaus sollen sich die Fachleute austauschen, ergänzen, unterstützen und miteinander arbeiten. Das sind hohe Ansprüche an alle beteiligten Personen, auch hinsichtlich ihrer fachlichen und persönlichen Kompetenzen. Das Ziel ist die bestmögliche Förderung des Kindes. Durch interdisziplinäre Zusammenarbeit soll die Frühförderung von Kindern mit Behinderungen oder drohenden Behinderungen verbessert werden.

Dabei bleiben dennoch die genauen Anforderungen an eine Zusammenarbeit unklar. Benannt wurden bisher gemeinsame Teambesprechungen und Dokumentationen. Aber was steckt dahinter? Wie sollen diese Besprechungen und Dokumentationen ausgestaltet sein? Wenn es Teambesprechungen geben soll, wer gehört dann zum Team? Ist es das Team einer Institution oder gibt es ein Team, das aus Vertreterinnen und Vertretern unterschiedlicher Institutionen besteht, weil das Kind in verschiedenen Institutionen betreut und behandelt wird? Welche Grundprinzipien, welche Standards, welche strukturellen Bedingungen gibt es für die interdisziplinäre Zusammenarbeit in der Frühförderung?

Bisher könnte jede Frühförderstelle behaupten, interdisziplinär zu arbeiten. Einigen gelingt das allein schon durch die Anstellung von Fachkräften verschiedener Berufsgruppen. Jedoch gibt es bis heute auch unidisziplinär organisierte Frühförderstellen in Deutschland, in denen beispielsweise nur heilpädagogisch ausgebildete Fachkräfte arbeiten. Auch diese könnten allerdings behaupten, interdisziplinär tätig zu sein, indem sie sich beispielsweise mit den niedergelassenen Therapeutinnen und Therapeuten, Ärztinnen und Ärzten, die das Kind behandeln, abstimmen.

Was genau ist also unter »interdisziplinärer Zusammenarbeit« zu verstehen? Die Vorstellungen darüber bleiben hier oft unklar. Einen Konsens bezüglich der Organisation und Struktur, des Ablaufs und der Ziele interdisziplinärer Zusammenarbeit gibt es bisher nicht. Bei der Bundesarbeitsgemeinschaft für Rehabilitation (BAR) gab es nach Inkrafttreten des SGB IX eine Arbeitsgruppe zum Thema »Ausgestaltung der Komplexleistung«, die eine genauere Beschreibung versucht hat:

> »Die Frühförderstelle ist eine lebensweltorientierte, familien- und wohnortnahe Einrichtung, in der die unterschiedlichen Berufsgruppen nach einem abgestimmten Konzept interdisziplinär zusammenarbeiten [...]. Als unabdingbare Anforderung an die Leistungserbringung sind z. B. die Durchführung interdisziplinärer Team- und Fallbesprechungen aufgenommen .... Es werden mindestens drei festangestellte Fachkräfte aus dem pädagogischen und aus dem medizinisch-therapeutischen Bereich festgelegt [...]. Die nicht in der Einrichtung festangestellten Fachkräfte werden über Kooperationsverträge in das Team eingebunden und bei Bedarf an Team- und Fallbesprechungen beteiligt. In den Kooperationsverträgen ist die Art der interdisziplinären Zusammenarbeit zu regeln« (Bundesarbeitsgemeinschaft für Rehabilitation, 2013).

Hier wurde der Versuch gemacht, interdisziplinäre Zusammenarbeit konkreter zu beschreiben. Doch eine interdisziplinäre Arbeitsweise ist weder Leistungsträgern noch Leistungserbringern konkret einheitlich vertraut. Als Leistungsträger werden diejenigen Behörden, Körperschaften oder Anstalten bezeichnet, die dafür verantwortlich sind, dass die Leistung »Frühförderung« wie gesetzlich vorgeschrieben erbracht wird. Leistungserbringer führen die Frühförderung durch. Wie sie das tun und wie viel Geld sie dafür bekommen, verhandeln sie mit den Leistungsträgern. Die BAR schreibt nur wenig darüber, besonders die Beschreibung von Aufgaben und Zielen der Zusammenarbeit wird ausgelassen, als würde es ausreichen, wenn die verschiedenen Fachleute voneinander wüssten und schon einmal miteinander gesprochen hätten.

Wenn Fachleute verschiedener Disziplinen zwar parallel, aber ohne gemeinsame Abstimmung, ohne Besprechungen mit dem Kind und seiner Familie arbeiten, dann handelt es sich um ein multidisziplinäres Vorgehen. Interdisziplinäre Zusammenarbeit bedeutet, dass es einen Austausch der Fachleute aus verschiedenen Disziplinen gibt; dieser bedingt formalisierte Besprechungen. Dafür gibt es bisher keine Standards; weder aus Sicht der Leistungserbringer noch aus Sicht der Leistungsträger wurden Aufgaben und Ziele bisher formuliert.

So ist zu vermuten, dass es Leistungsträgern bisher nicht vermittelt werden konnte, warum sie finanzielle Bedingungen herstellen sollten, in denen ausreichend Zeit für den sektionalen und intersektionalen fachlichen Austausch der Fachdisziplinenvertreterinnen und -vertreter zur Verfügung stehen würde. Das wäre zwingend notwendig, um z. B. auch die niedergelassenen Kinderärztinnen und Kinderärzte oder Therapeutinnen und Therapeuten in Team- und Fallbesprechungen einer Frühförderstelle einzubinden. Eher das Gegenteil scheint allerdings der Fall zu sein (vgl. Albers & Neuhäuser, 2006; Thurmair & Naggl, 2007). Derzeit beklagen Frühförderstellen bundesweit die Reduktion der sogenannten »indirekten Leistungen«, zu denen meistens auch der interdisziplinäre Austausch gezählt wird. Dabei wäre ein interdisziplinärer Austausch immer eine direkte individuelle Leistung für ein Kind, denn Teams setzen sich je Kind unterschiedlich zusammen. Die fehlenden Standards interdisziplinärer Zusammenarbeit könnten aber auch dazu führen, dass bei Leistungsträgern der Eindruck entsteht, Leistungserbringer von Frühförderung würden einfach pauschal mehr Zeit für den gemeinsamen Austausch fordern, ohne Nachweise erbringen zu können, was genau dadurch besser werden könnte.

Die folgenden Fragen sollen deshalb für das weitere Vorgehen handlungsleitend sein:

1. Verbessert der interdisziplinäre Austausch die Frühförderung eines Kindes?
2. Was macht eine gute interdisziplinäre Zusammenarbeit aus?
3. Welche Methoden können für die interdisziplinäre Zusammenarbeit genutzt werden?

Diesen Fragen soll nun weiter nachgegangen werden. Es sollen Argumente gesucht werden, die für oder auch gegen eine interdisziplinäre Zusammenarbeit genutzt werden können. Denn bisher wird zwar interdisziplinäre Zusammenarbeit aus fachlicher und rechtlicher Sicht gefordert, es bleibt aber unklar warum.

2 Probleme der interdisziplinären Zusammenarbeit

Oft genug scheint es ausreichend zu sein, dass verschiedene Fachleute mit dem gleichen Kind arbeiten, ohne sich auszutauschen. Zumal die Ansätze der verschiedenen Berufsgruppen derart unterschiedlich sein können, dass eine Einigung über das gemeinsam abgestimmte Vorgehen zumindest lange dauern könnte. Bevor also Fachleute in endlosen Abstimmungsdiskussionen ihre kostbare Zeit vertun und darum ringen, wer Recht hat oder das letzte Wort behält, könnte es auch gelingen, dass die Familien das Wissen der verschiedenen Fachleute sammeln und bei Bedarf an die jeweils anderen weitergeben. Die Eltern selbst sind auch diejenigen, die sich meistens die einzelnen Fachleute selbstständig ausgesucht haben. Wenn sie die Wissenshoheit übernähmen, dann könnte man folgende Dinge sicherstellen:

a) Entscheidungshoheit über die Weitergabe von persönlichen Daten:
   Das Wissen über die jeweils geplanten Maßnahmen setzt sich aus einer Koppelung von Fachwissen und sehr persönlichen Daten zusammen. Darüber, wer was mit wem über sie austauscht, sollten Familien stets selbst bestimmen dürfen. Wenn die Eltern als Vertreterinnen und Vertreter ihres Kindes, welches Frühförderung bekommt, das Fachwissen sammeln und bei Bedarf weitergeben würden, dann könnte diese »Wissenshoheit« auch dazu beitragen, ihre Autonomie und Selbstständigkeit zu fördern.
b) Förderung der Autonomie und Selbstständigkeit:
   Die Förderung der Autonomie und Selbstständigkeit von Familien mit einem Kind, das Beeinträchtigungen hat und bei dem in Wechselwirkung mit der Umwelt deshalb eine Behinderung vorliegt oder eine solche droht, ist unbedingt auch eine Aufgabe der Frühförderung. Familien sollen in ihrer Fähigkeit unter-

stützt werden, selbstständig zu handeln und ihre eigenen Interessen zu vertreten. Sollte ein interdisziplinäres Team sich untereinander verständigen, ohne die jeweilige Familie in diesen Verständigungsprozess einzubeziehen, dann droht die Gefahr der – wenngleich möglicherweise auch fürsorglich gemeinten – Bevormundung. Interdisziplinäre Zusammenarbeit als Teil der Komplexleistung Frühförderung befindet sich damit im Spannungsfeld der kooperativen Prozessgestaltung sowohl in der gemeinsamen Gestaltung zwischen Fachleuten und den Eltern als auch in der interdisziplinären Prozessgestaltung.

c) Kostenreduktion:
Interdisziplinäre Zusammenarbeit ist stets auch mit Kosten verbunden. Wenn mehrere Fachleute miteinander oder mit den Eltern eines Kindes mit einer (drohenden) Behinderung sprechen, dann ist das Arbeitszeit, die Geld kostet. In einem Tätigkeitsfeld, das die beiden Systeme »Gesundheit« und »Soziales« miteinander verbindet, fließt Geld momentan in Deutschland eher nur für Leistungen, die »am Patienten/Klienten/Adressaten«, also »am Kind« erbracht werden. Ein gemeinsames Gespräch ist dabei keine regelhafte Abrechnungsposition für Fachleute der medizinisch-therapeutischen Berufe, doch ohne Austausch gibt es keine interdisziplinäre Zusammenarbeit. Wie eben schon beschrieben, wird das Abstimmungsgespräch auch für pädagogisch-psychologische Fachleute in der Frühförderung unzureichend finanziert, seitdem immer mehr Bundesländer die Leistungen der interdisziplinären Frühförderung in direkte und indirekte Leistungen aufteilen und die interdisziplinären Fachgespräche den indirekten Leistungen zuordnen bei gleichzeitiger Reduktion der Zeitanteile dieser indirekten Leistungen. Ohne finanzielle Abrechnungsmöglichkeiten sind nur wenige Fachleute dazu bereit, sich nach der Arbeit, also in der Freizeit und damit unbezahlt, noch untereinander abzustimmen. Dann wäre es ja auch genau genommen eher ein Hobby. Es ist aber eine gesetzliche Vorschrift und damit ein Sachzwang. Interdisziplinäre Zusammenarbeit muss ausreichend finanziert werden, sonst kann sie nicht gewährleistet werden.

Deshalb muss nun die Frage folgen: Was spricht für die interdisziplinäre Zusammenarbeit und wie kann die Autonomie und Selbstbestimmung der Familie gleichzeitig Berücksichtigung finden und gefördert werden?

3 Argumente für interdisziplinäre Zusammenarbeit

Die folgenden Punkte sprechen für eine interdisziplinäre Zusammenarbeit:

a) *Gesetzliche Vorgaben* zur interdisziplinären Zusammenarbeit,
b) eine mögliche *theoretische Begründung der Nützlichkeit* von interdisziplinärer Zusammenarbeit,
c) der Zusammenhang von interdisziplinärer Zusammenarbeit und der *Förderung von Partizipation* sowie
d) das *Prinzip der Multiperspektivität*.

Diese Punkte sollen nun ausführlicher dargelegt werden.

a) Gesetzliche Vorgaben

Interdisziplinäre Zusammenarbeit in der Frühförderung ist gesetzlich vorgeschrieben. Nachdem über viele Jahre die Systeme der gesetzlichen Krankenkassen, der Jugendhilfe und der Sozialhilfe sorgfältig getrennt waren, wurde 2001 mit der Einführung des Sozialgesetzbuches neun (SGB IX) die Rechtslage in Deutschland derart verändert, dass nun alle medizinisch-therapeutischen und pädagogisch-psychologischen Leistungen der Frühförderung als Komplexleistung, also interdisziplinär und aufeinander abgestimmt, erfolgen sollen. Diese Veränderung soll eine Verbesserung darstellen, und zwar für die Kinder, die behindert werden oder von einer Behinderung bedroht sind. Allerdings brachte sie auch erhebliche Veränderungen bei der Koordinierung der sogenannten Leistungsträger und Leistungserbringer mit sich (vgl. Internetquelle: BMAS: Institut für Sozialforschung und Gesellschaftskritik, Abschlussbericht, 2012). Mit dem Kinder- und Jugendstärkungsgesetz (KJSG) sollen zukünftig alle Leistungen der Kinder- und Jugendhilfe im SGB VIII inklusiv ausgestaltet werden, dazu gehört auch die Integration der bestehenden Regelungen im SGB IX/BTHG, also der niedrigschwellige Zugang zu den offenen Beratungsangeboten der Frühförderung, die Interdisziplinären Leistungen, zu denen auch Leistungselemente des SGB V gehören, sowie die gemeinsame familien- und partizipationsorientierte Förder- und Behandlungsplanung. Das stellt die Interdisziplinäre Frühförderung vor neue Herausforderungen. Die Komplexleistung Frühförderung beinhaltet und bedingt dennoch weiterhin die interdisziplinäre Zusammenarbeit.

b) Theoretische Begründung der Nützlichkeit

Interdisziplinarität ist kein neuer Begriff in der Frühförderung. Er war schon weit vor der Einführung des SGB IX als Arbeitsprinzip in der Frühförderung etabliert und wurde meist systemtheoretisch begründet. Eine Grundannahme (nicht nur) aus systemtheoretischer Sicht ist, dass kindliche Entwicklung sich nicht isoliert vom Umfeld des Kindes vollzieht, sondern stets auch durch äußere Bedingungen beeinflusst wird. Jedes Kind hat Beziehungen zu verschiedenen Personen und Gruppen in verschiedenen Situationen. Es fühlt sich verschiedenen Gruppen (Systemen) zugehörig und/ oder wird darin als zugehörig erlebt. Zu diesen sozialen Systemen eines Kindes können beispielsweise die Kernfamilie, die Nachbarschaft, der Kindergarten, die Freunde usw. gehören. Diese bedingen und beeinflussen sich gegenseitig.

Luhmann beschreibt soziale Systeme als Konstrukte, die entstehen und sich aufrechterhalten durch Kommunikation, indem die

Systemmitglieder sich selbst als System verstehen oder auch von anderen als ein solches erkannt werden (vgl. Luhmann, 1984, S. 31). Ein System entsteht also, indem es einen Unterschied gibt zwischen System und Nicht-System (Umwelt). Das System Familie entsteht beispielsweise, indem sich Menschen in Familienmitglieder und Nicht-Familienmitglieder einteilen lassen. Dies gilt auch für alle anderen »sozialen Systeme«.

Systeme ändern sich im Laufe der Zeit, neue entstehen (z. B. Beginn des Kindergartens), alte fallen weg (z. B. Umzug in eine andere Stadt). Innerhalb der Systeme gibt es weitere Subsysteme, wie z. B. Geschwister und Eltern oder verschiedene Kindergartengruppen. Soziale Systeme stellen immer dann ein System dar, wenn sie sich selbst als »wir« definieren und von außen auch so wahrgenommen werden.

Innerhalb sozialer Systeme gibt es Regeln, die aufgestellt und eingehalten bzw. kontrolliert werden. Es gibt gemeinsame »Wirklichkeiten«, die aufeinander abgestimmt werden. Alle sozialen Systeme versuchen dabei, sich selbst stabil zu halten, und sind nicht unbegrenzt von außen beeinflussbar. Die Regeln und »Wirklichkeiten« der einzelnen Systeme müssen nicht gleich oder auch nur ähnlich sein. Alle Fachleute der Frühförderung sind in der Lage, Beispiele aufzuzählen, in denen gerade die Gegebenheiten unterschiedlicher Regeln verschiedener Systeme ein Teil ihres Arbeitsalltags sind, indem sich bei einem Kind die Eltern nicht einig sind oder die Großeltern versuchen, ihre Ideen gegenüber Kindern und Enkeln durchzusetzen, oder die Erzieherinnen und Erzieher aus dem Kindergarten sich nicht mit den Eltern verstehen oder die Nachbarschaft den Lebensalltag der Familie kritisiert usw. Sie stellen es aber auch fest, wenn sie innerhalb kürzester Zeit und mehrmals am Tag von einer Familie zur nächsten wechseln. Nicht nur die Regeln des Zusammenlebens sind unterschiedlich. Familien konstruieren ihre Wirklichkeiten. Dies geschieht, indem Erlebnisse interpretiert und mit einer eigenen Bedeutung versehen werden. Das kann z. B. in Bezug auf die Behinderung eines Familienmitgliedes geschehen: In *einer* Familie werden Beeinträchtigungen eines

Kindes als Zufall angesehen, eine *andere* interpretiert sie als »Strafe«, eine *weitere* Familie fragt sich, aus welcher Familie »das denn komme«, wer also Schuld daran sei usw.

Oftmals ist die Frühförderung mobil organisiert, schon die verschiedenen Lebenswelten der Kinder machen deutlich: Verschiedene Systeme haben nicht nur verschiedene Wirklichkeiten, sondern auch unterschiedliche Regeln und Normen. Das wird bereits in ganz kleinen Details sichtbar: In einem Haushalt ist es sehr wichtig, die Schuhe auszuziehen, im nächsten, möglichst nichts schmutzig zu machen, wieder in einem anderen ist es besonders wichtig, pünktlich zu sein usw. Die Bedeutungen der Regeln für die Systemmitglieder sind einem Außenstehenden nicht unbedingt ersichtlich. Für die Kinder, die Frühförderung bekommen, gehören sie zum Alltag und sind Teil ihrer Wirklichkeit. Darauf soll Frühförderung eingehen.

Die kindliche Entwicklung, wie auch immer man für sich selbst die Anlage-Umwelt-Diskussion beantwortet, geschieht stets in interaktionellen Prozessen, in denen die Systeme und ihre Mitglieder Einfluss aufeinander haben und nehmen, also auch auf das Kind. Und umgekehrt hat und nimmt auch das Kind Einfluss auf das jeweilige System und seine Systemmitglieder.

Diese Komplexität des Zusammenspiels der verschiedenen Einflüsse kann aus verschiedenen Perspektiven betrachtet werden. Die eine »richtige«, monokausal herleitbare Kette von Bedingungen, die zu einem Ergebnis – hier beispielsweise ein neuer Entwicklungsschritt des Kindes – führen, gibt es nicht, sondern verschiedene Erklärungsansätze, verschiedene »Interpunktionen von Ereignissen« (Watzlawick et al., 2007, S. 57f.). Wenn es also keine objektive, messbare Wirklichkeit gibt, dann kann die Betrachtung verschiedener Perspektiven von Wirklichkeit am besten durch die Zusammenarbeit, den Austausch der verschiedenen Akteure gelingen.

c) Förderung der Partizipation

Frühförderung hat den Auftrag, die Teilhabe am Leben in der Gemeinschaft für Kinder mit einer (drohenden) Behinderung zu fördern. Dieser Rechtsanspruch auf Frühförderung und dieser Auftrag für die Frühförderstellen gilt nur für Kinder, die behindert werden oder von einer Behinderung bedroht sind. Sie brauchen Hilfe, um am gemeinschaftlichen Leben teilhaben zu können. Behinderung hat hier also eine soziale Bedeutung: Gesellschaftliche Bedingungen können Teilhabe und Partizipation ermöglichen, aber auch behindern und somit Entwicklungs- und Entfaltungschancen bieten oder auch beeinträchtigen (siehe hierzu auch: Kühl, Kap. 6: Konsequenzen der Umsetzung von Inklusion für Kinder mit Beeinträchtigung ihrer Entwicklung).

Das Umfeld spielt eine bedeutsame Rolle bei der Frage, ob ein Kind an allen für es bedeutsamen Aktivitäten angemessen teilnehmen kann, unabhängig davon, ob es eine körperliche, seelische oder geistige Beeinträchtigung hat oder nicht. Es wird jedoch davon ausgegangen, dass bei Kindern mit Beeinträchtigungen oft Maßnahmen ergriffen werden müssen, die den Kindern dabei helfen, teilhaben zu können. Frühförderung soll diese Teilhabemöglichkeiten fördern, also die Möglichkeiten zur Partizipation steigern und dazu auch das Umfeld des Kindes berücksichtigen. Hier kommen wir zu dem Thema, welches in diesem Buch von Kühl genauer betrachtet wird: Inklusion.

Zu der Informationssammlung, die im Rahmen der Komplexleistung Frühförderung notwendig wird, müssen neben der Entwicklungsüberprüfung und -einschätzung des Kindes auch seine aktuellen Lebensbedingungen berücksichtigt werden und deren Einfluss auf die kindliche Entwicklung. Die Fachleute der Frühförderung müssen zwingend das Umfeld in den Blick nehmen und sich fragen: Inwiefern ist die Teilhabe beeinträchtigt? Wer oder was behindert das Kind in seiner Teilhabe und in seiner Entwicklung? Was braucht es, um partizipieren zu können? Was können die einzelnen Fachleute dazu beitragen, um dieses Ziel zu erreichen? Das ist nicht nur die Aufgabe einzelner Berufsgruppen, sondern eine professions- und disziplinenübergreifende Aufgabe. Inklusion ist somit wesentlich durch das Merkmal der Kooperation geprägt

> »In den Lebenswissenschaften, bspw. bei der Erklärung oder Beschreibung von Entwicklungsprozessen, ist man oft auf die Verwendung des Regelbegriffs mit einem schwächeren Anspruch auf Verallgemeinbarkeit und Universalität angewiesen. Dies hat u. a. auch seinen Grund in einer allgemeinen Kontextabhängigkeit, die lebenswissenschaftliche Erklärungen notwendig mit berücksichtigen müssen. Einfache Kausalbeziehungen sind nicht ohne Weiteres feststellbar. Man ist mit einer Komplexität von Ursache und Wirkung konfrontiert, die andere Beschreibungsmodelle erfordern« (Wessel & Diesner, 2010, S. 83).

Die Beziehungen, die ein Kind hat und in die es eingebettet ist, sowie die verschiedenen Zusammenhänge von Situationen und deren Bedeutung für einzelne im System machen die Entscheidung für oder gegen bestimmte Fördermaßnahmen sehr individuell. Viele Informationen stehen zur Verfügung und sind von Bedeutung. Das Leben jedes Menschen ist mit seinen verschiedenen Beziehungen zu anderen und deren Beziehungen zueinander sehr komplex.

Ein Beispiel aus der Praxis

Jonas ist drei Jahre alt. Er ist vor zwei Monaten in einen anderen Kindergarten gekommen. Vorher war er in einem kleinen Kindergarten, mit nur vier Krippengruppen (insgesamt 40 Kinder) und jeweils drei Erzieherinnen/Erziehern pro Gruppe für jeweils zehn Kinder. Die Erzieherin der neuen Regelgruppe mit 22 Kindern wendet sich an die Eltern, weil Jonas sehr unruhig und unkonzentriert wirkt. Sie empfiehlt Frühförderung. Die Eltern erwarten ihr zweites Kind in den nächsten Tagen, sie sind vor zwei Monaten umgezogen, weil sie sich ein Haus gekauft haben. Die Mutter ist nun im Mutterschutz und hat eine Elternzeit angemeldet. Der Vater ist vor zwei Wochen unerwartet von seinem Arbeitgeber freigestellt worden, weil dieser Insolvenz angemeldet hat. Beide Eltern erschrecken sehr bei der Mitteilung der Erzieherin. Sie sind eigentlich gerade mit den Vorbereitungen der Geburt ihres zweiten Kindes beschäftigt, aber auch mit der Arbeitssuche des Mannes und der Frage, wie sie die ökonomische Sicherheit der Familie, die ins Wanken geraten ist, wieder herstellen können.

Der Kindergarten, den Jonas besucht, hat sechs Regelgruppen mit jeweils 22 Kindern (insgesamt 132 Kinder) und arbeitet nach einem offenen Konzept. Im Team gab es in den letzten Monaten viel Personalwechsel, so dass die Erzieherin, die mit den Eltern gesprochen hat, erst seit zwei Wochen dort tätig ist. Davor waren in der Zeit, seit Jonas da ist, schon drei weitere Erzieherinnen da und auch wieder weg.

Der Kinderarzt fand die Empfehlung der Erzieherin übereilig und konnte ihre Sichtweise nicht teilen. Um sicherzugehen, hat er dennoch eine Überweisung zur Kinder- und Jugendpsychiatrischen Untersuchung ausgestellt. Der Kinderpsychiater hat eine Aufmerksamkeitstörung im Rahmen einer kombinierten umschriebenen Entwicklungsstörung festgestellt und Ergotherapie verschrieben.

Jonas hat im neuen Kindergarten bisher noch keine Freunde gefunden, er ist sehr freundlich zu den anderen Kindern und den Erzieherinnen und Erziehern und spielt mit jedem. Sein Lieblingsspiel ist »Star Wars«. Am neuen Wohnort hat er gleich Freunde bei den Nachbarn gefunden und ist jeden Nachmittag draußen, um mit ihnen zu spielen.

Die Erzieherin sagt, sie sei mit der Unterstützung von Jonas überfordert, die Eltern fühlen sich mit der Situation überfordert und vermuten, dass es Jonas genauso geht. Im früheren Kindergarten gab es keine Probleme. Sie vertrauen dem Kinderarzt. Der Kinderarzt vertraut dem Kinderpsychiater und unterstützt die dort verschriebene Ergotherapie. Die Nachbarn und die Großeltern sagen, es sei vielleicht nicht der richtige Kindergarten für Jonas.

d) Prinzip der Multiperspektivität

Soll überprüft werden, ob ein Kind Frühförderung bekommen sollte, dann muss geklärt werden, ob es einen Rechtsanspruch auf diese Leistung hat. Das ist im Sozialgesetzbuch IX geregelt. Zur Klärung dieser Frage müssen die Fachleute Informationen sammeln und analysieren. Jede Fachdisziplin kommt zu ihren Informationen mithilfe verschiedener Methoden. Dazu gehören das Testen, die Beobachtung, die Befragung und das Messen. Jede Information kann verschiedene Bedeutungen erhalten für die einzelnen Personen. Jede Information kann aus mehreren Perspektiven betrachtet werden. Die notwendigen und individuell zugeschnittenen Angebote müssen nicht nur vorgehalten und passend eingesetzt werden, sondern auch begründet ausgewählt werden. Dazu sind umfangreiche Informationen erforderlich über die Beeinträchtigungen der Kinder, ihre individuellen Bedürfnisse, Probleme und Ressourcen sowie die Wechselwirkungen mit dem Kontext, der Lebenswelt des Kindes, in der das Kind behindert wird oder von einer Behinderung bedroht ist. Darüber sollen sich die Fachdisziplinenvertreterinnen und -vertreter austauschen, ergänzen, unterstützen und miteinander arbeiten. Im oben genannten Beispiel wäre es also erforderlich, dass die Eltern, die Erzieherin, der Kinderarzt, die Ergotherapeutin und der Kinderpsychiater miteinander Wissen austauschen und sich über die Bedeutung aus ihrer Sicht für die einzelnen Beobachtungen, Testungen und Diagnosen verständigen würden. Wenn sie das nicht tun, dann müssen die Eltern über das weitere Vorgehen auf der Basis von zusammengesammeltem und parteilich formuliertem Wissen entscheiden.

Es wirkt irritierend: Da streben Fachleute in Fragen der Behandlung, Therapie und Förderung von Kindern mit Entwicklungsschwierigkeiten nach wissenschaftlich basiertem oder auch evidenzbasiertem Vorgehen. Trotzdem kommen sie oftmals nicht auf die gleichen Ideen, wie sie vorgehen wollen. Denn verschiedene Berufe haben verschiedene Wissenschaften als Grundlage, in welchen es unterschiedliche Vorstellungen darüber gibt, wie und ob

Evidenz hergestellt werden kann. Ohne eine Abstimmung liegt die Entscheidung darüber, was zu tun ist, bei den Eltern. Deren Entscheidungsfindungsprozesse sind vielfältig. Zu vermuten ist Folgendes:
Sie entscheiden möglicherweise auf der Grundlage von

1. Vertrauen in eine Person und/oder Berufsgruppe oder/und
2. Informationen, die sie selbst zusammengesammelt haben.

Ein fachlich abgestimmtes Vorgehen wäre dann davon abhängig, dass die Eltern selbst die Fachleute finden, die ihre Ideen gemeinsam mit umsetzen helfen. Damit, ein interdisziplinäres Team zu bilden, könnten sie überfordert sein. Eine gute interdisziplinäre Zusammenarbeit ist geprägt von der Suche nach Multiperspektivität, um der Komplexität von Lebenswelten und individuellen Entwicklungsbedingungen bestmöglich begegnen zu können. Die Perspektiven aller zu berücksichtigen und zu integrieren kann im interdisziplinären Dialog, an dem die Familie beteiligt ist, gelingen.

4 Grundlegende Gedanken zur interdisziplinären Zusammenarbeit

Die interdisziplinäre Zusammenarbeit ist eine selbstverständliche Grundlage der Komplexleistung Frühförderung. Sie ist fachlich sinnvoll und politisch erwünscht. Sie ist aber auch wenig genau beschrieben, definiert und konturiert und somit auch gut geeignet »[...] für wohlfeile Sonntagreden mit quasimoralischen Appellen« (Ochs & Orban, 2012, S. 155) ohne Hinweise zu geben auf Überprüfbarkeit und Machbarkeit.

Deutlich wird bei der Literatursichtung zu diesem Thema, dass hier noch Forschungsbedarf besteht. In der Literatur werden zwei Begriffe, nämlich die Disziplinarität und die Professionalität, mit verschiedenen Vorsilben – inter-, multi- oder trans- – versehen und fallen recht ungeordnet durcheinander. So stößt man oft auf den Begriff »Interprofessionalität«, der häufig synonym zur Interdisziplinarität verwendet wird (vgl. Mahler et al., 2014). Interprofessionelle Zusammenarbeit beschreibt die Kooperation zwischen Vertreterinnen und Vertretern verschiedener, aber bestimmter Berufsgruppen, interdisziplinäre Zusammenarbeit beschreibt die Kooperation von Vertreterinnen und Vertretern verschiedener Wissenschaftsbereiche. Beides ist der Fall, wenn Fachleute in der Komplexleistung Frühförderung zusammenkommen, denn in der Frühförderung arbeiten verschiedene Berufsgruppen. Diese Berufsgruppen haben jeweils eigene Handlungskulturen, welche stark mit den entsprechenden Ausbildungen verknüpft sind. In den Ausbildungen werden spezifisches Fachwissen und Handlungskompetenzen auf wissenschaftlicher Grundlage vermittelt (vgl. Merten, 2015, 22). Der Begriff »Profession« erfährt allerdings derzeit eine tiefgreifende professionstheoretische Auseinandersetzung mit dem jeweiligen gesellschaftlichen Auftrag an eine Berufsgruppe und den damit für sie verbundenen Ausbildungsanforderungen. Für manche ist es unzweifelhaft, aber ob alle Berufsgruppen, die in der Frühförderung tätig sind, den Anforderungen gerecht werden, welche an eine Profession gestellt werden, wird kontrovers diskutiert. Diese Diskussion kann (aus Platzgründen) an dieser Stelle weder aufgegriffen noch geklärt werden. Deshalb soll hier weiter über die interdisziplinäre Zusammenarbeit geschrieben werden.

Speck beschreibt sie folgendermaßen:

> »Der Begriff Interdisziplinarität wird heute in einem übergreifenden Sinne gebraucht. Man versteht darunter die Kommunikation und Kooperation von Disziplinen und Fächern« (Speck, 1996, S. 45).

Speck verwendet hier drei Begriffe: Kommunikation, Kooperation und Disziplinen, welche im Weiteren näher beleuchtet werden sollen. Seine Beschreibung von Interdisziplinarität klingt einfach, jedoch ist zu bedenken:

a) Es kommunizieren und kooperieren immer Menschen und keine Disziplinen oder Fächer. Sie kommunizieren in der interdisziplinären Zusammenarbeit in ihrer Funktion als Berufsgruppenvertreterinnen und -vertreter, die in ihrer Ausbildung neben der fachspezifischen Handlungskompetenz die Theorien und Erkenntnisse aus einer Wissenschaft vermittelt bekommen haben.
b) Eine Kooperation ist das bewusste, planvolle und ergebnisorientierte Zusammenarbeiten von Menschen und wird nur durch Kommunikation und Struktur möglich. Kommunikation soll Zusammenarbeit ermöglichen.
c) Diese Zusammenarbeit wiederum soll ein abgestimmtes Vorgehen in der Frühförderung ermöglichen. Sie hat den Zweck, Wissen auszutauschen und zusammenzuführen, dieses gemeinsam zu interpretieren und ein abgestimmten Vorgehen sicherzustellen.
d) Berufsgruppenspezifisches bzw. disziplinenbezogenes Wissen beinhaltet die grundlegenden Begriffsbestimmungen und theoretischen Menschenbilder der Disziplinen. Die einzelnen Fachdisziplinenvertreterinnen und -vertreter haben verschiedene (Fach-)Begriffe und verschiedene Standpunkte in ihrer Berufsbiographie erworben. Was für den einen eine Selbstverständlichkeit ist, ist für die andere vollkommen neu und umgekehrt. Beispielsweise sprechen die einen von Förder- bzw. Therapiebedarf, die anderen von Lebens- und Lerninteressen oder -bedürfnissen. Die einen sprechen von Ursache-Wirkungs-Zusammenhängen, die anderen von einem strukturell begründetem Technologiedefizit (vgl. Luhmann & Schorr, 1982). Dahinter stecken verschiedene Diagnostikansätze, verschiedene Ideen davon, ob etwas wirksam ist, wie etwas bewiesen werden kann, welche Ansätze hilfreich sein können und auch verschiedene Vorstellungen über die Beziehungen von Fachleuten und Frühförderkindern bzw. deren Eltern und über die Beziehungen der Fachleute untereinander.

Interdisziplinäre Zusammenarbeit ist somit abhängig von verschiedenen Einflüssen, welche nun weiter dargestellt werden sollen.

5 Einflussfaktoren auf interdisziplinäre Zusammenarbeit

Was immer wir tun erfolgt auf der Grundlage der eigenen Bewertung von Geschehen. Insofern ist jede Handlung als Reaktion auf die eigenen Interpretationen des Erlebten – und dazu gehören auch die Handlungen anderer – zu betrachten. Bezogen auf die Interdisziplinäre Zusammenarbeit bedeutet dies, dass sie somit auch den Bedingungen menschlicher Kommunikation und Interaktion unterliegt. Im Folgenden soll die interdisziplinäre Zusammenarbeit aus einer kommunikationstheoretischen Sicht betrachtet werden.

5.1 Eine kommunikationstheoretische Sicht

In der Interdisziplinären Frühförderung sollen sich diejenigen Fachleute, die mit demselben Kind, derselben Familie arbeiten, abstimmen und austauschen. Sie sollen miteinander kommunizieren, sie sollen sich als ein System verstehen, als »Team around the child«. Dazu soll die interdisziplinäre Zusammenarbeit nun auch aus einem kommunikationstheoretischen Blickwinkel betrachten werden.

Kommunikationsprozesse sind komplex. Jeder dieser Prozesse soll der Verständigung dienen. Dabei beschäftigt uns in allen Lebensbereichen die Frage: Wie kann eine solche Verständigung gelingen? Jede und jeder kennt genügend Beispiele, in denen ein kommunikativer Prozess als gescheitert betrachtet wurde: »Mit dem/der kann man nicht reden«, »Da bin ich vollkommen falsch verstanden worden«. Dafür, dass Prozesse als gescheitert oder geglückt betrachtet werden, gibt es eine Vielzahl von Gründen und eine ebenso große Vielzahl an Versuchen, diese »Störungen« in der Kommunikation zu umgehen und »wirklich« verstanden zu werden.

Bezogen auf den interdisziplinären Austausch können wir feststellen, dass kommunikative Prozesse störungsanfällig sind, wobei die »Störungen« noch nicht einmal unbedingt fachlich begründet sein müssen. Jede Planung interdisziplinärer Abstimmungsprozesse muss dies berücksichtigen. Es geht um die Kompetenz von Menschen, miteinander zu kommunizieren. Am Beispiel der formulierten Merkmale der fünf Axiome von Kommunikation von Watzlawick, Beavin und Jackson (1969) kann man die Bedingungen, denen interdisziplinäre Zusammenarbeit in der Frühförderung unterliegt, folgendermaßen beschreiben:

> Das gesamte *Verhalten* eines Menschen gehört zur Kommunikation und *wird gedeutet*. (Teammitglieder, die zuhören, nicken, lächeln, Blickkontakt aufnehmen, wirken anders als Teammitglieder, die wegsehen, seufzen, ins Wort fallen ...) (Axiom 1).
>
> Der Beziehungsaspekt der Kommunikation bestimmt den Inhaltsaspekt, damit wird die *Beziehung der Partnerinnen und Partner für die interdisziplinäre Zusammenarbeit vorrangig wichtiger als der Inhalt*, denn über den Beziehungsaspekt wird bestimmt, wie der Inhalt der Nachricht zu verstehen ist. »Das war ja klar, dass Sie das sagen«, kann beispielsweise als Vorwurf interpretiert werden oder als freundliche Reaktion auf ein bekanntes Verhalten, durch die die Vertrautheit der Partner betont werden soll (Axiom 2).
>
> Beziehungen sind komplex. Der Grund, warum ein Teampartner/eine Teampartnerin beispielsweise nickt, lächelt, seufzt oder wegsieht, wird vom Partner/von der Partnerin vermutet. Diese Deutung muss allerdings nichts mit dem Erleben des Teampartners/der Teampartnerin, der/die dieses Verhalten zeigt, zu tun haben. Ein Geschehen wird immer in eine persönlich logisch-zeitliche Reihenfolge gebracht. So wird das eigene Verhalten angepasst auf vorherige Kommunikationsprozesse, die gedeutet wurden. Das Verhalten wird also als Aktion oder Reaktion gedeutet. Diese Interpunktion von Ereignissen ist individuell und muss nicht von anderen geteilt werden. *Die Deutungen der Abfolge von Geschehen bestimmen die Beziehung von Teammitgliedern.* Entsprechend wird z. B. auf den Satz »Das war ja klar, dass sie das sagen«, reagiert (Axiom 3).

> Über die Sprache *vermitteln wir gleichzeitig* Beziehungen, Gefühle, Stimmungen und Inhalte. Es sprechen eben nicht Disziplinen über das Vorgehen bei einem Kind, einer Familie, sondern Menschen miteinander. Eine Reduktion der Abstimmung auf fachliche Inhalte ist kaum möglich (Axiom 4).
>
> Zwischenmenschliche Kommunikationsabläufe sind entweder symmetrisch oder komplementär, je nachdem, ob die *Beziehung zwischen den Teampartnern auf Gleichheit oder Unterschiedlichkeit beruht.* Symmetrische Beziehungen streben nach Gleichheit und Verminderung von Unterschieden. Komplementäre Beziehungen basieren auf sich ergänzenden Unterschiedlichkeiten. Beides kann in interdisziplinären Teams vorkommen, wobei in komplementären Beziehungen zu Beginn die Bedeutung der Ergänzung durch die anderen geklärt werden muss (Axiom 5).

Speck weist darauf hin, dass eine Kommunikation über fachliche Inhalte mit Schwierigkeiten verbunden sein kann: »Es gibt kaum eine empfindlichere Belastung des gemeinsamen Klimas als die durch Missachtung des anderen« (ebd., S. 48).

Aus kommunikationstheoretischer Sicht kann ergänzt werden, dass eine Missachtung auch eine vermutete Missachtung des anderen sein kann. Beides erschwert die Zusammenarbeit. Wir können Menschen missachten oder schätzen. Dafür haben wir Gründe. Wir können uns missachtet oder geschätzt fühlen. Auch dafür haben wir Gründe. Es muss nicht sein, dass unsere Interpretation der Ereignisse, die unser Handeln begründet, der Interpretation des/der anderen entspricht. Ich kann jemanden missachten oder schätzen, derjenige/diejenige muss das aber nicht so empfinden. Ich kann mich missachtet oder geschätzt fühlen, ohne dass mein Kommunikationspartner/meine Kommunikationspartnerin das seiner/ihrer Meinung nach tut. Allerdings reagieren wir in der Kommunikation entsprechend den individuell vorgenommenen Deutungen.

Dieses Wissen über kommunikationstheoretische Grundlagen kann die interdisziplinäre Zusammenarbeit erleichtern, besonders wenn die Teammitglieder darüber hinaus Möglichkeiten und Methoden entwickelt haben, damit in einem professionellen Rahmen umzugehen.

1. Verhalten wird gedeutet. Eine Nachfrage oder Rückmeldung, wie das Verhalten gedeutet wird, kann die Deutung verändern.
2. Die Beziehung zwischen den Teammitgliedern bestimmt, wie der Inhalt der Nachricht verstanden wird. Beziehungen zwischen Teammitgliedern bestimmen auch, inwieweit ein Teammitglied seine Meinung offen vertritt und sein Wissen teilt. Die Beziehungen zwischen den Teammitgliedern sind somit von Bedeutung.
3. Die Beziehung zwischen Teampartnern und -partnerinnen beruht auf Gleichheit oder Unterschiedlichkeit. Wir suchen in der Kommunikation nach Unterschieden oder deren Minimierung.

Diese grundsätzlichen Überlegungen zur Kommunikation sollen verdeutlichen, dass interdisziplinäre Zusammenarbeit auf der Grundlage von Beziehungen erfolgt. Trotzdem geht es vorrangig darum, verschiedene fachliche Blickwinkel zusammenzuführen, sich zu ergänzen und zusammenzuarbeiten. Die Fachleute benötigen dazu Metakompetenzen zur Bündelung, Deutung und Vermittlung von Informationen sowie zur Nutzung dieser Informationen zur persönlichen Weiterentwicklung.

5.2 Zusammenarbeit von Vertreterinnen und Vertretern verschiedener Disziplinen

Aufgabenfelder der Frühförderung sind

- Offenes niedrigschwelliges Beratungsangebot
- Erstgespräch zur Frühförderung
- Präventive Maßnahmen und Früherkennung
- interdisziplinäre Diagnostik
- interdisziplinäre Förder- und Behandlungsplanung

- Förderung und Behandlung
- Begleitung und Beratung der Bezugspersonen
- Kooperation und Netzwerkarbeit (vgl. VIFF, 2020)

Diese verschiedenen Angebote, die es braucht, um in den verschiedenen Aufgabenfeldern den Kindern und ihren Familien mit ihren vielfältigen Bedürfnissen, Problemen und Ressourcen gerecht zu werden, müssen vorgehalten und passend eingesetzt werden. Darüber hinaus sollen sich die Fachleute austauschen, ergänzen, unterstützen und miteinander arbeiten. Die verschiedenen Teilsysteme der Frühförderung Medizin, Pädagogik, Psychologie, Sozialarbeit und Therapie sollen ineinandergreifen. Keines dieser Teilsysteme kann für sich allein die Komplexleistung erbringen. Jedes dieser Teilsysteme kann wichtige Sichtweisen für den interdisziplinären Austausch zur Verfügung stellen. Voraussetzungen dafür sind,

1. dass jede und jeder gehört wird und zuhört;
2. dass das Denken und Handeln jeder einzelnen Fachkraft auf der fachdisziplinen-eigenen theoretischen Grundlage erfolgt und
3. sie diese gegenüber den anderen Fachkräften erklären bzw. vertreten kann.

Ansonsten bliebe das eigene Denken und Handeln in Bezug auf die Frühförderung eines Kindes für die anderen möglicherweise unverständlich. Interdisziplinäre Zusammenarbeit erfordert hier also auch eine Art gegenseitiger interdisziplinärer Ausbildung. Dabei werden Erkenntnisse geteilt, Maßnahmen festgelegt und aufeinander abgestimmt. Die jeweiligen Disziplinenvertreterinnen und -vertreter sollten deshalb in der Lage sein, die eigene Fachdisziplin hinsichtlich der Frage zu vertreten: Was kann ich als Vertretung dieser Fachdisziplin zur Komplexleistung beitragen und wo sind meine fachlichen bzw. persönlichen Grenzen?

Menschen handeln entsprechend ihren Lebenserfahrungen und ihrem Wissen. Dabei ist beides nicht auf die fachliche Dimension »Komplexleistung Frühförderung« beschränkt. Sie vertreten zwar auch, aber eben nicht nur eine Fachdisziplin oder eine Berufsgruppe, sie vertreten zusätzlich noch eine Organisation, eine persönliche und eine professionelle Haltung, die eigenen Werte und Normen. Sie vertreten und vermitteln somit das in »ihrer« Disziplin von ihnen individuell erworbene Wissen. Hinzu kommt, dass Berufsgruppenvertreterinnen und -vertreter eigene Schwerpunktlegungen, eigene Vorlieben oder Spezialitäten mitbringen, welche die Zusammenarbeit jeweils beeinflussen.

Bei einer interdisziplinären Zusammenarbeit kann Wissen untereinander ausgetauscht werden, es können gemeinsam Maßnahmen entschieden werden und die einzelnen Maßnahmen können aufeinander abgestimmt werden. Dies ist ein komplexer und individueller kommunikativer Prozess. Er ist individuell gefärbt entsprechend den Kenntnissen, Erfahrungen und Persönlichkeiten der einzelnen, er ist außerdem durchsetzt mit den jeweils eigenen Werten und Normvorstellungen bezogen auf ein gesundes und gutes Aufwachsen von Kindern. Diese persönlichen Einstellungen werden möglicherweise im Team nicht offen mitgeteilt, doch implizit schon. So ist jedes Team, das in der Komplexleistung Frühförderung gemeinsam tätig wird, ein System, das aus Menschen besteht, die Fachkompetenzen, persönliche Kompetenzen, Überzeugungen, Haltungen und Wissen einbringen. Jedes interdisziplinäre Team ist in gemeinsamer Bewegung und damit ein sich stetig veränderndes, voneinander lernendes System mit eigenen Regeln, Normen und Wirklichkeiten.

Teams entstehen über die professionellen Beziehungen von Fachleuten, indem sich die Mitglieder als Teil des Teams sehen und auch von anderen so wahrgenommen werden. Frühförderung als Komplexleistung soll in Teams geleistet werden, die interdisziplinär besetzt sind. Teams, die gut interdisziplinär zusammenarbeiten, können über eine arbeitsteilige Kooperation hinaus Transdisziplinarität innerhalb des Teams herstellen. Dabei wird nicht nur Wissen geteilt, sondern im Sinne einer Kokonstruktion auch Einblick in die jeweiligen persönlichen Kompetenzen, Haltungen und Überzeugungen gewährt. Inklusive Kooperation ist somit abhängig von

Teambildungsprozessen. Dazu sollen die Begriffe »Team« und »Teambildungsprozesse« genauer betrachtet werden.

5.3 Interdisziplinäre Kooperation in Teams

> »Teams bestehen aus mehreren Personen, die interagieren, voneinander abhängig sind, ein gemeinsames Ziel verfolgen und ein Wir-Gefühl haben. Sie werden durch andere und durch sich selbst als Gruppe wahrgenommen« (Kauffeld, 2001, S. 14).

Innerhalb eines systemtheoretischen Bezugsrahmens kann ein Team als eine Gruppe von Menschen betrachtet werden, die sich selbst als Team verstehen. Es gibt Teammitglieder und es gibt Außengrenzen, die deutlich machen, wer dazu gehört und wer nicht. Innerhalb eines Teams gibt es Regeln und Aufgaben, die die Verfolgung des gemeinsamen Ziels unterstützen.

Interdisziplinär arbeiten Teams in der Frühförderung, wenn es einen formalisierten oder regelhaften Austausch der Vertreterinnen und Vertreter verschiedener Fachdisziplinen über das gemeinsam betreute Kind und seine Familie gibt. Das Wissen der Einzelnen wird zusammengetragen und gemeinsam bewertet. Die Bewertung führt dann zu Beschlüssen über das weitere Vorgehen, die weitere Aufgabenverteilung oder die Entscheidung darüber, dass das bisherige Ziel erreicht wurde und das Team sich auflösen kann.

Bei einem interdisziplinären Team, das ausdrücklich in einer Institution von der Leitung der Einrichtung oder innerhalb der Mitarbeiterschaft gebildet wird, wird dieses Team leichter als Gruppe von sich selbst und von anderen wahrgenommen.

Ein »Team around the child« in der Frühförderung wird allerdings, wenn man es ganz genau nimmt, von der Familie gebildet. Sie sucht sich die kinderärztliche Praxis, in der sie sich wohl fühlt, die therapeutische Fachkraft, die sie für besonders kompetent hält, die Beratungsstelle, bei der sie sich gut beraten fühlt usw.

Die Wahl der »richtigen« Frühförderstelle wird Familien oft abgenommen, wenn es nur einen Anbieter in der Gegend gibt, in der sie leben. Frühförderstellen, die darauf Wert legen, dass die Frühförderfachkraft unbedingt auch einen guten Kontakt zu den Eltern/Bezugspersonen des Kindes haben sollte, damit die Förderung erfolgreich sein kann, bieten deshalb an, einen Wechsel der Fachkraft vorzunehmen, falls »die Chemie« nicht stimmt. Die Qualität der Zusammenarbeit mit Fachleuten der Frühförderung hat direkte Effekte auf das elterliche Zutrauen in die eigenen Kompetenzen und ihre psychische Stabilität. Diese beiden Faktoren (elterliches Zutrauen und psychische Stabilität) haben indirekte Effekte auf die Eltern-Kind-Interaktion und den kindlichen Entwicklungsverlauf (vgl. Trivette et al., 2010). Popp und Wilcox weisen darauf hin, dass ein gutes Verhältnis zwischen Mutter und Frühförderin (vertrauensvoll, unterstützend und herzlich) positive Effekte auf die kindliche Entwicklung hat (Popp & Wilcox, 2012). Die Beziehung zwischen Eltern und Fachleuten ist also eine nicht zu vernachlässigende Größe bei der Förderung, Behandlung und Therapie von Kindern mit Behinderungen. Insofern ist die Wahl der Fachleute zum »Team around the child« durch die Eltern sehr sinnvoll und sollte von Fachleuten unterstützt werden.

So arbeiten in, für und mit einem Kind und in, für und mit seiner Familie ausgewählte Fachleute verschiedener Institutionen. Diese Fachleute arbeiten möglicherweise innerhalb ihrer Einrichtung in Teams, verstehen sich aber nicht unbedingt als Teil eines jeden kind- und familienbezogenen Teams. Eine Teamarbeit ist jedoch nur möglich, wenn die Mitglieder sich als Team verstehen. Die individuelle Vorstellung davon, ob und wie miteinander interagiert wird, ob und wie die einzelnen voneinander abhängig sind und gemeinsame Ziele verfolgen, entsteht durch Teamentwicklungsprozesse. Und das müsste dann bei jedem einzelnen Kind neu initiiert werden, denn kaum eine Familie hat sich das gleiche »Team« zusammengesucht. Das jeweilige »Team« ist also erst einmal eine zusammengesuchte Gruppe, von der sich die Familie die beste Betreuung, Behandlung und Förderung ihres Kindes verspricht. Das Gefühl, Mitglied eines Teams zu sein, haben die Fachleute eher innerhalb ihrer Einrichtung. Das Gefühl, ein Team zu haben, dass sich bestmöglich um ihr Kind kümmert, haben die Eltern dagegen eher bei den einzelnen Fachleuten, die aus verschiedenen Institutionen kommen.

Es bedarf des Perspektivwechsels der Fachleute, sich als Teil eines familienspezifischen Wunschteams zu verstehen. Damit hätte die Familie erst einmal die Rolle als Teamleiterin. Allerdings ist sie eine Teamleiterin, die in dieser Rolle meistens gänzlich unerfahren ist und sich dieser Rolle noch nicht einmal bewusst sein muss. Hinzu kommt, dass die Familie oftmals in einer Situation ist, in der sie sich hilflos und unterstützungsbedürftig erlebt. Die Wunschteam-Mitglieder müssten sich also abstimmen über das weitere Vorgehen, die mögliche Zusammenarbeit, die Rollenverteilung im Team.

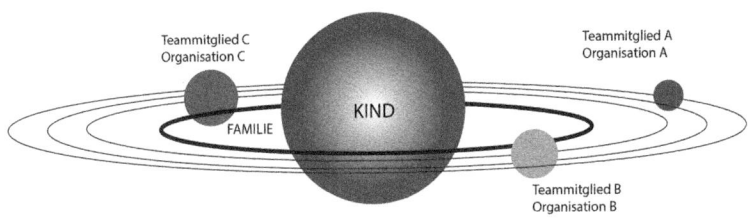

Abb. 1: Ausgewählte Fachleute im »Wunschteam« der Familie

5.4 Vom Wunschteam zum Team

Ein Wunschteam entsteht aus einer Ansammlung von Fachleuten, die von einer Familie zusammengesucht wurden. Diese Fachleute müssen sich nicht kennen oder voneinander wissen, außer sie arbeiten in der gleichen Einrichtung. Sie sind (noch) kein Team, denn Teamarbeit zeichnet sich »[...] durch das gemeinsame Erledigen von Arbeiten im Alltag aus – dem Miteinander – mit physischer Präsenz der Beteiligten« (Simmen et al., 2008, S. 162).

Simmen et al. beschreiben Teamarbeit als Arbeiten in Gemeinschaft, ein gemeinsames Handeln prägt die Teamarbeit. Gemeinsames Handeln braucht die Abstimmung untereinander, also die Kommunikation der beteiligten Teammitglieder. Kommunikation dient der Bildung, Aufrechterhaltung und Fortführung des Systems »Team« sowie der Abgrenzung von der Umwelt. Kommunikation ist Grundbestandteil von Systemen, ohne Kommunikation bestehen sie nicht. Ein Team, das nicht darüber kommuniziert, dass es ein Team ist, ist kein Team (vgl. Boos & Mitterer, 2014). Aus einem Wunschteam kann also nur dann ein Team werden, wenn die Mitglieder das anstreben und untereinander kommunizieren, wenn es formalisierte Besprechungen gibt, in denen sie sich austauschen. Das muss organisiert werden.

Wir gehen von der Vorstellung aus, dass eine Familie für ihr Kind eine Einrichtung auswählt. Wenn das der Fall ist, dann sind die Mitarbeitenden einer Institution ein Team. Und schon ist es leichter, formalisierte Besprechungen zu organisieren. Wenn das Wunschteam jedoch aus Fachleuten verschiedener Institutionen zusammengesetzt ist, die eine Familie um sich herum gesammelt hat – das »team around the child« –, dann ist eine größere Bemühung darum erforderlich, alle miteinander zu verbinden. Viele Fachleute und viele Institutionen sind mit der Förderung von Kindern beschäftigt: Erziehungs- und andere Beratungsstellen, Kindertagesstätten, ergotherapeutische, fachärztliche, kinderärztliche, logopädische, physiotherapeutische Praxen, Einrichtungen der Frühen Hilfen, Jugendämter, Sozialämter, Familienbildungsstätten, Familienzentren usw. Viele Teammitglieder sind also möglicherweise bei der jeweiligen Familie zu bedenken, manche arbeiten gern allein, manche haben den Anspruch, das sogenannte »Case-Management« zu übernehmen, also die Organisation der jeweils individuell zugeschnittenen Hilfen.

Wer aber soll führen in der interdisziplinären Zusammenarbeit eines Teams? Wer hat den Anspruch zu »dirigieren«, wer möchte folgen, wer hat den Anspruch, wechselnd zu führen oder aufeinander zu achten? Wir haben es mit verschiedenen Menschen, verschiedenen Kompetenzen sowohl fachlicher als auch persönlicher Natur zu tun. Wir haben es mit Berufen zu tun, in deren Ausbildung ein professionsbezogenes Selbstbild des Führens und Folgens implizit oder auch explizit vermittelt wird, wir haben es mit Persönlichkeiten zu tun, die eine individuelle Einstellung zur Zusammenarbeit, Abstimmung, Teamarbeit entwickelt haben.

Wir haben es somit mit einem persönlichen und professionellen Selbstverständnis der Beteiligten zu tun, das den anderen jeweils nicht ohne weiteres ersichtlich oder verständlich ist.

Greving und Ondracek haben die Begriffe der »stolzen« und »bescheidenen« Berufe genutzt, um zu beschreiben, wie sich Berufsgruppen präsentieren. Das könne ihrer Meinung nach in der Arbeitswelt auch dazu dienen, Berufsmonopole zu sichern, Respekt und Anerkennung zu erhalten, Arbeitsteilung und Hierarchien zu bilden. Die von ihnen kritisierten möglichen Folgen wären ihrer Meinung nach Expertisierung, Monopolisierung und Abgrenzung von Kompetenzbereichen, was eine denkbar schlechte Voraussetzung für interdisziplinäre Zusammenarbeit wäre (vgl. Greving & Ondracek, 2009, S. 26f.). Wenn ein Teammitglied eine besondere Expertise für eine bestimmte notwendige Gegebenheit mitbringt, etwas Besonderes kann oder weiß oder hat, dann kann das für die interdisziplinäre Zusammenarbeit sehr hilfreich sein. Es kann aber auch schwierig sein, und zwar dann, wenn das Moment der Abgrenzung als Sicherung der eigenen Stellung im Team bzw. als Berufsmonopol hinzukommt, wenn Wissen nicht freimütig geteilt wird. Hier spielen auch die bereits erwähnten professionstheoretischen Überlegungen eine Rolle. Berufe werden als Profession bezeichnet, wenn sie einen gesellschaftlich anerkannten Auftrag bekommen, der mit hohen Anforderungen an die Aufgaben der Berufsgruppe verbunden ist. Dieser Auftrag wird mit bestimmten Ausbildungsanforderungen verknüpft, so dass sie dadurch eine Lizenz für die geforderten Tätigkeiten erhalten. Für die hier geführte Auseinandersetzung mit interdisziplinärer Zusammenarbeit soll nur festgehalten werden: Manche Berufsgruppen haben ein größeres Selbstverständnis darüber, welche Aufgaben sie übernehmen (dürfen/müssen) und wofür sie zuständig sind als andere. In der interdisziplinären Zusammenarbeit muss hierzu eine genaue berufsgruppenübergreifende Abstimmung und Klärung der Aufgaben und Zuständigkeiten erfolgen.

In der Frühförderung darf dabei nicht aus dem Blick geraten, dass es eine gemeinsame Aufgabe gibt: Es geht nicht darum, Situationen, Prozesse und Klientinnen und Klienten als Expertinnen und Experten zu beherrschen, sondern die Kinder in ihren Möglichkeiten der gesellschaftlichen Teilhabe und ihre Familien in der Entfaltung ihrer Selbstbestimmung zu unterstützen. Dazu bedarf es einer persönlichen Einstellung, die viel mehr Verständnis, Sensibilität, Einfühlungsvermögen, Geduld, Offenheit, Kreativität, Flexibilität, Konfliktfähigkeit und Reflexivität als Expertentum voraussetzt. Diese sogenannten »soft skills« bei jeder einzelnen Person sind Voraussetzung dafür, dass aus einem Wunschteam ein Team wird.

6 Einbezug der Eltern und Erziehungsberechtigten

Das Wunschteam wird von den Eltern oder anderen Erziehungsberechtigten ausgesucht. Sie nehmen dafür Rat von anderen an, suchen selbst nach »den Besten«, vertrauen bestimmten Personen, anderen nicht. Sie entscheiden insgesamt, wer mit ihrem Kind zu tun hat und wer nicht. Eltern müssen deshalb in den Entscheidungsprozessen über die Förderung und Behandlung ihres Kindes mitwirken. Sie müssen mit den Maßnahmen einverstanden sein, denn Frühförderung ist ein Recht und keine Pflicht. Eine Komplexleistung Frühförderung findet trotz Rechtsanspruchs für ein Kind stets nur auf Antrag der Eltern statt und auch nur, solange sie das wollen.

Die Frühförderung soll die Teilhabe ihres Kindes am Leben in der Gemeinschaft fördern. Dazu muss das Team Informationen bekommen, die oft am besten von den Eltern oder den Bezugspersonen gegeben werden können: Wo und wie kann das Kind an den Dingen teilnehmen, an denen es teilnehmen möchte? Was ist für das Kind bzw. seine Eltern oder auch seine Geschwister ein Problem? Was ist gar kein Problem?

Die Probleme, die Fachleute bei Kindern in der Frühförderung sehen und beschreiben, sind in der Regel zunächst fachspezifisch bezogen auf das professionseigene Wissen und die Sichtweise einer bestimmten Disziplin. Sie können Probleme als Förderbedarfe oder Lebensbedürfnisse formulieren, die ihrer Ausbildung und ihrem Wissen entsprechen, diese können sie durch fachspezifische Beobachtungen, Testergebnisse und Messungen belegen. Sie sind meist auf das Kind bezogen.

Die Probleme, die ein Kind oder seine Bezugspersonen beschreiben, sind meist auf den Kontext, in dem sie sich befinden, bezogen. Sie beschreiben beispielsweise schwierige Situationen, in denen etwas nicht so gelingt, wie sie sich das wünschen. Ludewig nennt das Lebensprobleme und beschreibt sie als »... subjektiv erlebte leidvolle Phänomene, die vom Betroffenen als veränderungsbedürftig bewertet werden« (Ludewig, 2009, S. 91).

Diese Lebensprobleme können nicht beobachtet, getestet oder gemessen werden, sie können nur erfragt werden, denn es handelt sich um Veränderungsbedürfnisse der Personen.

Insofern ist die Sicht und das Wissen der Kinder und ihrer Eltern eine wichtige Ergänzung für die Fachleute, um dem gesetzlichen Auftrag gerecht zu werden. Teilhabebeeinträchtigungen und Partizipationsmöglichkeiten sind nur zum Teil beobachtbar, ein anderer Teil kann nur von denjenigen beschrieben werden, die sie erleben. Das gilt ebenso für die Therapie oder Förderung: Sie ist hilfreich und wirksam, wenn die Familie sie als sinnvoll erlebt.

7 Voraussetzungen für gute interdisziplinäre Zusammenarbeit in der Frühförderung

Nachdem die Gründe für die interdisziplinäre Zusammenarbeit in der Frühförderung, die system- und kommunikationstheoretischen Bedingungen, die Berücksichtigung von Teamentwicklungsprozessen und der Unterschied zwischen einrichtungsinternen interdisziplinären Teams und dem Wunschteam dargestellt wurden, sollen nun die daraus entstehenden notwendigen Voraussetzungen für eine gute interdisziplinäre Zusammenarbeit abgeleitet werden.

Ausgehend von den vorherigen Ausführungen gibt es für die interdisziplinäre Zusammenarbeit in der Frühförderung neben der gesetzlichen Grundlage folgende inhaltlich-fachlichen Gründe:

- Der Komplexität der Lebenswelt eines Kindes kann eher eine Gruppe gerecht werden, in der unterschiedliche Perspektiven und verschiedene Informationen zusammengetragen werden.
- Interdisziplinäre Zusammenarbeit in der Frühförderung hat das Ziel, verschiedene Sichtweisen zusammenzutragen, unterschiedliches Wissen zu integrieren und daraus Folgerungen für abgestimmte Maßnahmen zu vereinbaren.

Dabei unterliegt sie folgenden Bedingungen:

1. Interdisziplinäre Zusammenarbeit gelingt am besten in einem Team.
2. In der Frühförderung sollen medizinisch-therapeutische und pädagogisch-psychologische Leistungen als Komplexleistung erbracht werden. Diese Leistungen werden in interdisziplinären Frühförderstellen angeboten, schließen aber auch die Leistungen von anderen Fachleuten, wie Kinderärztinnen und -ärzten, Erzieherinnen und Erziehern, niedergelassene Therapeutinnen und Therapeuten, mit ein. Insofern müssen wir unterscheiden zwischen a) einrichtungsinternen Teams, die über Anstellungs-

oder auch Kooperationsverträge die Leistungen für eine Einrichtung erbringen, und b) organisations- bzw. institutionsübergreifenden Wunschteams, welche von der Familie zusammengesetzt werden und die Leistungen für eine Familie erbringen.
3. Interdisziplinäre Zusammenarbeit kann sowohl fallbezogen als auch fallunspezifisch begründet werden.
4. Interdisziplinäre Zusammenarbeit innerhalb eines Wunschteams hat immer einen fallbezogenen Charakter. Damit gehört sie zu den direkten Leistungen der Frühförderung für ein Kind.
5. Der Auftrag für die fallbezogene interdisziplinäre Zusammenarbeit ist gesetzlich verankert. Es soll die Teilhabe des jeweiligen Kindes am Leben in der Gemeinschaft gefördert werden. Die individuelle Spezifizierung dieses gesetzlichen Auftrags für die fallbezogene interdisziplinäre Zusammenarbeit geschieht durch das Kind und seine Familie. Sie bestimmen den Auftrag, indem sie ihr Problem benennen.
6. Jedes Team unterliegt in seinen Austausch- und Abstimmungsprozessen kommunikationstheoretischen Bedingungen, die einzelnen Teammitglieder benötigen kommunikative und persönliche Kompetenzen, um sich in einem interdisziplinären Team fachlich abzustimmen.

Die dargestellten Bedingungen sollten bei der Planung von interdisziplinärer Zusammenarbeit in einer Frühförderstelle auch konzeptionell bedacht werden. Eine Fachkraft, die in einer Frühförderstelle arbeitet, ist sowohl Teil des Teams der Frühförderung als auch Teil des Wunschteams jeder einzelnen Familie, für die sie zuständig ist. Sie sollte ausreichende reflexive Fähigkeiten und kommunikative Kompetenzen besitzen, um sich in den jeweiligen Teams abstimmen zu können und die eigene fachliche Meinung einzubringen, aber auch die der anderen aufzunehmen. Das erhöht die Chance auf Transdisziplinarität, die sich entwickeln kann, wenn ein interdisziplinäres Team gut zusammenarbeitet. Transdisziplinarität ist gekennzeichnet durch einen wechselseitigen Übertrag von Wissen und Kompetenzen von einer Disziplin in eine andere in der konkreten Arbeit mit einem Kind. Dazu müssen die Fachkräfte ein hohes Maß an Kollegialität besitzen und die Bereitschaft mitbringen, sich gegenseitig Einblick in die eigenen Kompetenzen, persönlichen Haltungen und professionellen Orientierungen zu gewähren. Basis der fallbezogenen Zusammenarbeit sind der Auftrag der Familie bzw. des Kindes und der gesetzliche Auftrag zur Förderung der Teilhabe am Leben in der Gemeinschaft. Diese Grundlagen interdisziplinärer Zusammenarbeit müssen sichergestellt werden, darüber hinaus muss aber auch die jeweilige Zusammenarbeit für das einzelne Kind, die einzelne Familie geregelt werden. Entsprechend den von Merten formulierten folgenden Erfolgsfaktoren für Kooperation ist weiterhin zu berücksichtigen:

1. Der Zweck und Inhalt der Kooperation muss geklärt sein. Dadurch wird auch klar, welche Akteure in den Prozess einbezogen werden und welche Regelungen zum Informationsaustausch getroffen werden müssen.
2. Die Zuständigkeiten und Abläufe müssen festgelegt werden.
3. Am Prozess müssen diejenigen als Akteure beteiligt sein, die einen Lösungsbeitrag für das Problem leisten können.
4. Die beteiligten Akteure müssen sich kennen und vertrauen, sowohl persönlich als auch fachlich.
5. Kooperation braucht feste Strukturen und Kontinuität mit institutionalisierten Treffen, die einen Dialog ermöglichen, so kann Vertrauen zueinander entwickelt werden (vgl. Merten, 2015, S. 65).

Diese Aufgaben müssen die Teams für jedes Kind individuell bewältigen. Dazu benötigen sie Zeiten der Abstimmung und des Austausches. Da Teams nur dann ihre jeweilige Aufgabe erfüllen können, wenn sie sich regelmäßig treffen, muss dies strukturell, konzeptionell und organisatorisch in den Institutionen verankert sein. Das ist eine Anforderung an die jeweiligen Institutionen und Leitungen. Diese müssen Bedingungen zur Verfügung stellen, in denen die Teams ihren Aufgaben nachkommen können. Das gelingt nur, wenn interdisziplinäre Zusammenarbeit auskömmlich vergütet wird, und zwar für alle Berufsgruppen, die als Akteure beteiligt sein sollten. Die notwendige Zeit für den Austausch und die Abstimmung muss eingeplant sein, zum Arbeitsalltag gehören, finanziert sein und genutzt werden. Sie gehört als *direkte Leistung* zu den Frühförderleistungen, die ein Team erbringen muss, denn sie gilt jeweils *nur für ein Kind*.

Hackmann formulierte die folgenden fünf Fallstricke für Teamarbeit, nachdem er viele verschiedene Teams in unterschiedlichen Arbeitsbezügen genauer untersucht hatte. Er spricht damit diejenigen an, die verantwortlich sind für die Leitung von Teams.

1. Teamarbeit funktioniert besser, wenn die Mitglieder als Team behandelt werden und nicht als Individuen.
2. Ein Team muss geführt werden, aber auch eigene Entscheidungskompetenzen besitzen. Das ist ein Balanceakt.
3. Ein Team braucht eine detaillierte Aufgabenbeschreibung.
4. Ein Team braucht organisatorische Unterstützung.
5. Teammitglieder haben nicht unbedingt die notwendigen Kompetenzen, die sie für eine gute Zusammenarbeit benötigen (vgl. Hackmann, 1990, S. 479f.).

Wenn man diese Erkenntnisse auf die interdisziplinäre Frühförderung überträgt, dann kann dies derzeit nur innerhalb einer Einrichtung geleistet werden. Interessant wäre eine weitere Auseinandersetzung damit, wie dies auf die »Wunschteams« übertragen werden könnte und wer daran beteiligt sein müsste. Hier wird deutlich, dass es zwar einen gesellschaftlichen Auftrag für diese Zusammenarbeit gibt, dass aber weder Leistungsträger noch Leistungserbringer bisher die Aufgabe der Leitung von »Wunschteams« übernommen haben. Dazu müsste eigentlich ein Leistungsträger oder Leistungserbringer für alle notwendigen Akteure zuständig sein, diese als Teammitglieder behandeln und ihnen detaillierte Aufgaben geben. Die Teams selbst müssten eigene Entscheidungskompetenzen besitzen, aber auch geführt werden, sie sollten organisatorische Unterstützung erfahren und die einzelnen Teammitglieder benötigen auch Unterstützung in der Entwicklung von Kommunikationskompetenzen. Diese Leitungsaufgaben können in interdisziplinären Frühförderstellen nur von den jeweiligen Leitungen für die Mitarbeitenden innerhalb der Frühförderstelle übernommen werden. Der Kontext ist hier also ebenso entscheidend wie bei der Betrachtung der Teilhabe eines Kindes. Derzeit ist es als Barriere zu betrachten, dass eine Leitung von Wunschteams nicht vorgesehen bzw. geregelt ist.

Die Möglichkeiten der organisationsübergreifenden Zusammenarbeit sind somit derzeit davon abhängig, wie viel Interesse die einzelnen Akteure an der Zusammenarbeit haben, ob sie als gewinnbringend von allen bewertet wird und ob es institutionalisierte Treffen geben kann, an denen auch gegenseitiges Verständnis und Vertrauen aufgebaut bzw. gefestigt werden kann.

8 Methodisches Vorgehen

Interdisziplinäre Zusammenarbeit in der Frühförderung ist sinnvoll, sollte gefordert und gefördert werden. Es gibt bestimmte Voraussetzungen dafür, dass sie stattfinden kann und erfolgreich ist. Es folgt nun die Frage, was genau im Rahmen der Zusammenarbeit geschehen soll. Wie kann eine erfolgreiche interdisziplinäre Zusammenarbeit aussehen? Welche Methoden können dazu beitragen?

Interdisziplinäre Zusammenarbeit in der Frühförderung hat zum Ziel, der Komplexität der Lebenswelt eines Kindes zu begegnen, unterschiedliche Sichtweisen zusammenzutragen und unterschiedliches Wissen zu integrieren sowie in der konkreten Arbeit mit Kind und Familie umzusetzen. Das gemeinsame Wissen soll interpretiert werden und in abgestimmte Wege der Problemlösung münden. Die einzelnen Komponenten der interdisziplinären Zusammenarbeit sind somit:

1. Auftragsklärung
2. Zusammenführung der für den Auftrag notwendigen Akteure
3. Situationserfassung
4. Zusammenführung von Wissen
5. Gemeinsame Interpretation des Wissens
6. Gemeinsame Suche nach Lösungen
7. Abgestimmtes Vorgehen
8. Auswertung

In dieser Reihenfolge sollen nun im weiteren mögliche Methoden der Umsetzung dargestellt werden, obgleich es sich selbstverständlich um zirkuläre Prozesse handelt, in denen Linearität nicht eingehalten werden kann. Diese Sammlung kann nur eine Auswahl darstellen. Auch hier gilt, dass für die Bedeutung und die Umsetzbarkeit der einzelnen Methoden das Team verantwortlich ist und von dessen kontextuellen Bedingungen abhängig ist.

8.1 Auftragsklärung

Eine Auftragsklärung hilft dabei, die Frage zu beantworten, was sich ändern soll. Dazu gehören Fragen rund um »das Problem«:

1. Was ist aus Ihrer Sicht ein Problem?
2. Was soll sich mithilfe der Frühförderung ändern?
3. Was wäre dann anders und für wen?
4. Was soll auf jeden Fall so bleiben, wie es ist?
5. Wenn nichts getan werden würde, was glauben Sie, wie lange das Problem dann noch bestehen würde?

Diese Fragen dienen dazu, die verschiedenen Perspektiven und unterschiedlichen Sichtweisen offenzulegen. In der Benennung eines Problems, der Befürchtungen hinsichtlich der Konsequenzen, die durch das Problem entstehen, eines Veränderungswunsches und auch vorhandener Ressourcen durch die Familie oder einzelne Familienmitglieder wird der Auftrag an die Fachleute der Frühförderung deutlich. Die Veränderungswünsche werden zwar häufig anfangs bezogen auf die einzelnen Kompetenzen oder Schwierigkeiten des Kindes beschrieben, bei näherem Nachfragen, was denn anders wäre, wenn das Kind bestimmte Fähigkeiten erwerben würde, beschreiben die Eltern allerdings meistens teilhabeorientierte Probleme. Während Fachleute noch oft auf bestimmte Entwicklungsbereiche des Kindes fokussieren, benennen Kinder und Eltern eher Teilhabeschwierigkeiten und Aktivitätseinschränkungen (Fayed et al., 2014). Diese zu mildern bzw. zu beseitigen ist der gesellschaftliche Auftrag an Frühförderung.

Eine sinnvolle Reihenfolge der Auftragsklärung wäre also die Auseinandersetzung mit den verschiedenen Aufträgen an die Frühförderung:

1. Der allgemeine gesellschaftliche Auftrag
   Gesellschaftliche Aufträge an die Frühförderung sind die Förderung der Teilhabe am Leben in der Gemeinschaft, die Beseitigung von (drohenden) Behinderungen oder die Milderung ihrer Folgen.
2. Der individuelle Auftrag der Familienmitglieder
   Die Beschreibung der Teilhabeeinschränkungen kommt von der Familie. Sie können die Probleme, die ihnen allen oder einzelnen, besonders aber dem Kind, durch die Behinderung oder die drohende Behinderung entstehen, beschreiben. So wird der allgemeine gesetzliche Auftrag individualisiert. Dabei kann jedes Familienmitglied einen eigenen Beitrag leisten und unterschiedliche Probleme ansprechen.
3. Der fachliche Auftrag
   Im Anschluss daran können die Fachleute beschreiben, welche Probleme aus ihrer Sicht angegangen werden sollten und könnten, um das übergeordnete Ziel der Erhöhung der Partizipationsmöglichkeiten zu erreichen. Dabei kann jede Fachkraft einen eigenen Beitrag leisten und unterschiedliche Probleme fokussieren.

Eine Auftragsklärung muss diese verschiedenen Aspekte berücksichtigen. Die hier vorgegebene Reihenfolge, in welcher der Auftrag der Fachleute zum Schluss kommt, mag überraschen, doch sie folgt folgenden Überlegungen:

- Ohne einen gesellschaftlichen Auftrag findet keine Frühförderung statt, denn sie wird dann nicht finanziert.
- Ohne den Auftrag der Eltern findet keine Frühförderung statt, denn sie wird dann nicht in Anspruch genommen.

Allerdings sind es oft gerade die Fachleute, die den Anspruch auf Frühförderung erkennen und den Eltern die möglichen Ziele vermitteln. Denn sie sind die Fachleute für die frühkindliche Entwicklung, dagegen sind die Eltern die Expertinnen und Experten für ihr Kind.

Ein Beispiel aus der Praxis
Eine Sammlung der Antworten der verschiedenen Akteure bei Jeremy, 3;3 Jahre alt

Problembeschreibungen

- Jeremy hat Einschlafschwierigkeiten, das ist anstrengend für die Eltern, sie haben keinen »Feierabend«. Er hat Aufmerksamkeitsschwierigkeiten, sitzt nicht lange ruhig im Morgenkreis in der Kita, die Erzieherinnen ermahnen ihn ständig, sitzenzubleiben, zuzuhören, mitzumachen usw. Jeremy ist ruppig zu den anderen Kindern, sie vermeiden das gemeinsame Spiel und sitzen nicht gern neben ihm. Jeremy hat eine Muskelhypotonie und hat deshalb Schwierigkeiten mit der Körperkoordination, Bewegungsspiele, aber auch ruhiges Sitzen fallen ihm schwer. Die kinderärztliche Diagnose lautet: Zentrale Koordinationsstörung. Eltern und Erzieherinnen sagen, sie können ihn nicht beruhigen und sind unsicher, wie sie sich verhalten sollen.

- Veränderungswünsche: Die Eltern würden sich gern sicherer im Umgang mit ihm fühlen und abends »Feierabend« zu einer bestimmten Uhrzeit haben. Jeremy möchte gern mit den anderen Kindern spielen.
- Was wäre dann anders?
  - Jeremy hat Spielkameraden. Die Eltern sind ausgeschlafener und geduldiger.
  - Er nimmt an den Gruppenaktivitäten im Kindergarten teil.
  - Eltern und Erzieherinnen wissen, wie sie dazu beitragen können, dass Jeremy sich beruhigt.
- Was soll so bleiben?
  - Der Vater sagt: Jeremy soll ein Junge sein dürfen, die sind auch mal ruppig und wild.
  - Jeremy ist weiterhin so offen und fröhlich.
- Wenn nichts getan werden würde, was glauben Sie, wie lange das Problem dann noch bestehen würde?
  - Mutter und Erzieherin gehen davon aus, dass es dann für Jeremy noch schlimmer werden würde, er hätte dann bestimmt auch in der Schule große Schwierigkeiten, sowohl damit Freunde zu finden als auch mit dem Lernen.
  - Der Vater weiß es nicht genau, er kann sich auch vorstellen, dass sich das Problem von selbst regeln wird.

8.2 Notwendige Akteure

Wer kann dazu beitragen, unsere Probleme zu lösen? Diese Frage stellen sich Eltern und beginnen die Suche nach den »richtigen« Fachleuten. Wenn sie sich in der Frühförderung melden, dann kann diese sie bei der weiteren Suche unterstützen. Es gibt dann allerdings schon ein Wunschteam, denn die Frühförderstelle ist in der Regel nicht die erste Ansprechpartnerin der Eltern. Zur Klärung gehören deshalb die folgenden zwei Schritte:

1. Zunächst ist zu klären, wer zum Wunschteam gehört. Anhand einer Netzwerkkarte könnte dies erkennbar werden. Mithilfe

der Netzwerkkarte könnten zusätzlich auch die Einstellungen und Unterstützungsangebote des weiteren Umfeldes sichtbar werden. Es wäre somit zugleich auch eine Möglichkeit, sich über den Kontext, in dem das Kind lebt, zu informieren und Hinweise für die Netzwerkarbeit zu erhalten.

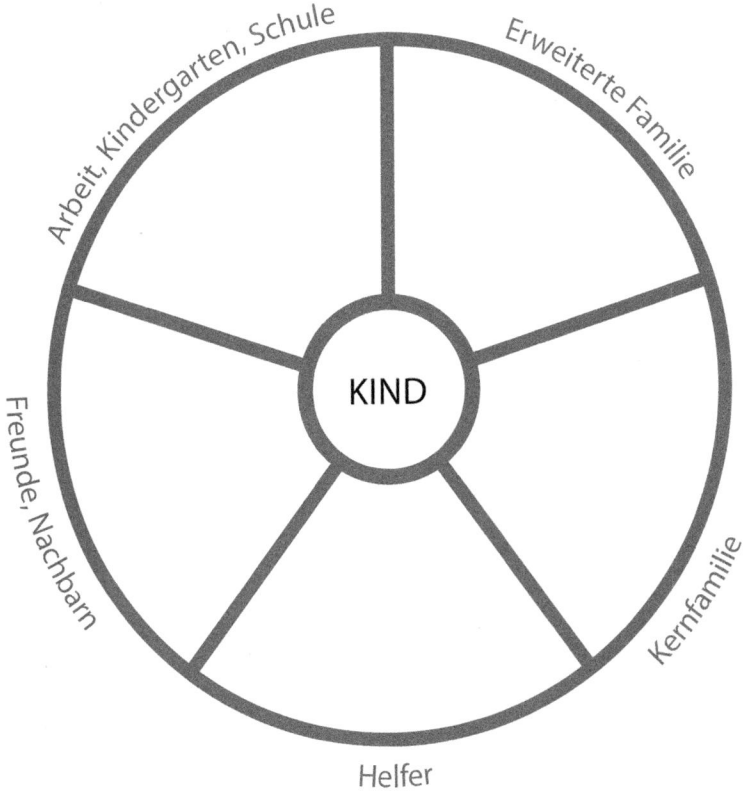

Abb. 2: Netzwerkkarte

Eine Netzwerkkarte ist eine Karte, die in verschiedene Sektoren eingeteilt wird, z. B. die Kernfamilie, die erweiterte Familie, Arbeit/Kindergarten/Schule, Helfer, Freunde/Nachbarn. Die Eltern tragen hier alle Personen, die im Kontakt mit ihrem Kind stehen, ein, je nach subjektiv erlebter Nähe und Distanz können sie weiter entfernt von der Mitte oder näher daran eingetragen werden. Das gemeinsame Ausfüllen einer Netzwerkkarte kann Teil einer Anamnese sein und liefert wichtige Informationen auch über vorhandene Ressourcen der Familie und des Kindes.

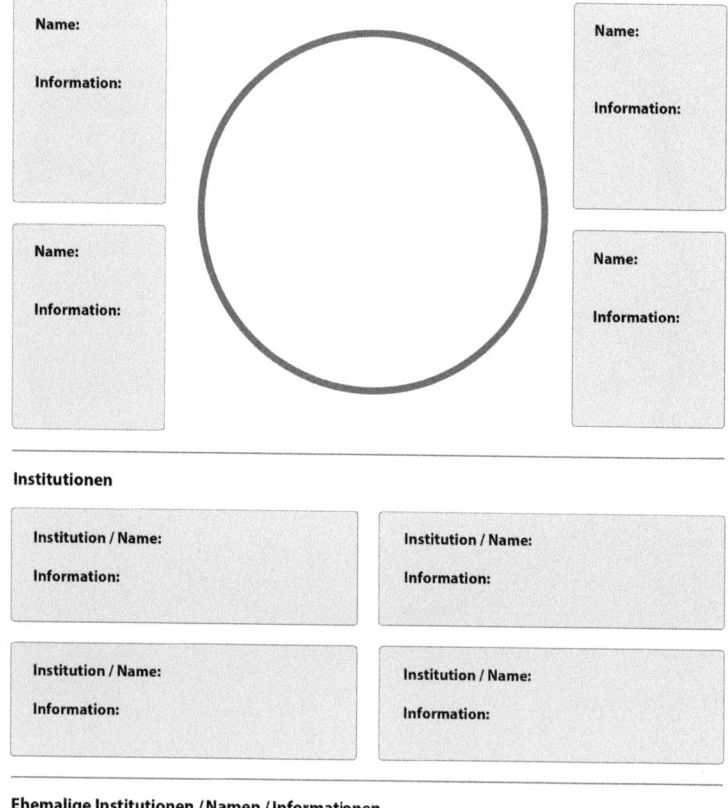

Abb. 3: Familien-Helfer-Map

2. Im zweiten Schritt wäre dann danach zu schauen, wer noch dazu kommen sollte, wer mit eingebunden werden sollte, aber auch wer nicht. Dazu ist es hilfreich, sich die bisher ermittelten Aufträge zu vergegenwärtigen. Dies könnte mithilfe der Problembeschreibungen, der Auflistung der bisherigen Mitglieder des Wunschteams und der Auseinandersetzung mit den Einstellungen und Unterstützungsmöglichkeiten durch das erweiterte Umfeld bei der Erstellung der Netzwerkkarte oder der Familien-Helfer-Map geschehen.

8.3 Situationserfassung – fachspezifische Informationserfassung

Eine Situationsanalyse setzt eine Situationserfassung voraus. Vielfache Verwendung findet hier der Begriff der Anamnese. Allerdings liegen diesem Begriff die Annahmen zugrunde, es ginge um eine Erkrankung und es sei möglich, die Vorgeschichte der Erkrankung umfassend erfassen zu können. Dagegen ist mit dem Begriff Situationserfassung intendiert, dass es nicht um Erkrankungen, sondern um Lebenssituationen geht, wobei sich diese Situationen unterschiedlich darstellen und aus verschiedenen Blickwinkeln erfasst werden können. Die aktuelle Lebenssituation und die Partizipationsmöglichkeiten eines Kindes können nicht von einem anderen Menschen in ihrer gesamten Komplexität erfasst werden. Sie werden reduziert betrachtet, es werden Schwerpunkte gesetzt und andere Bereiche wissentlich oder unwissentlich außer Acht gelassen. Würden mehrere Menschen eine Situationserfassung vornehmen und miteinander teilen, dann würde das Bild bzw. der Realitätsausschnitt umfangreicher werden. Insofern ist gerade für die interdisziplinäre Zusammenarbeit der Begriff der Situationserfassung sinnvoll (vgl. Hollenweger, 2016; 674f.).

Im gemeinsamen Austausch klären die notwendigen Akteure die folgenden Fragen:

- Welche Informationen haben wir?
- Welche Informationen fehlen noch?
- Wie können sie beschafft werden?
- Wer übernimmt das und bis wann?

Bei der Situationserfassung soll ein gemeinsames Verständnis der Situation über das Erfragen, Erfassen, Aufnehmen und Festhalten von Informationen und Einstellungen entwickelt werden. Jede Fachdisziplin hat für die Informationsbeschaffung ihre jeweils eigene Methoden. Die so gewonnenen Einsichten werden in der Situationserfassung geteilt. Die Fachleute orientieren sich dabei am Auftrag. Der Auftrag bestimmt also den Realitätsausschnitt und welche Informationen relevant sind (vgl. Hochuli Freund & Stotz, 2015 S. 153).

Der Informationssammlung wird in den einzelnen Disziplinen viel Gewicht zugesprochen. Für das Thema der interdisziplinären Zusammenarbeit wird jedoch bisher zu wenig darüber gesprochen, wie die einzelnen Informationen zusammengefügt werden können (vgl. Hollenweger, 2016, 674f.). Interdisziplinarität in der Frühförderung soll eine Komplexleistung sicherstellen. Es geht um eine enge, fallbezogene Zusammenarbeit. Eine Aneinanderreihung verschiedener unabgestimmter Maßnahmen durch nicht kooperierende Fachleute ist mit diesen Zielen nicht vereinbar. Die Absprache im Team, die gemeinsame Erfassung der Situation ist unerlässlich. Deshalb wird hier der Schwerpunkt der Methodensuche darin liegen, Methoden zu finden, die helfen, eine Situation interdisziplinär zu erfassen und zu analysieren. Welche Methoden können die interdisziplinäre Abstimmung fördern?

8.4 Situationsanalyse – Zusammenführung von Wissen

Die gesammelten und vorsortierten Daten müssen weiter gemeinsam unter Beteiligung möglichst aller notwendigen Akteure analysiert und interpretiert werden. Eine Situationsanalyse dient der weiteren Klärung. Es sollen Probleme und Risiken, aber auch Kompetenzen und Ressourcen erkannt und festgehalten werden. Die internationale Klassifikation der Funktionsfähigkeit, Behinderung und Gesundheit (ICF) kann als eine in sich interdisziplinär angelegte gemeinsame Sprache für die Situationsanalyse betrachtet werden. Das interdisziplinäre Team kann mit Hilfe der ICF die Daten, Fakten, Informationen sammeln. Anschließend könnten sie beispielsweise in einer Fallbesprechung zusammengetragen, ausgewertet und bewertet werden (vgl. Kraus de Camargo et al., 2020).

8.4.1 Fallbesprechung als Auswertungs- bzw. Bewertungsmethode

Eine Fallbesprechung ist eine Besprechungsform, in der das Team zusammenkommt. Sie ist in den meisten Frühförderstellen ein fester regelmäßiger Bestandteil der Arbeit und dient dem interdisziplinären kind- und familienbezogenen Austausch. In der Fallbesprechung können die jeweiligen Informationssammlungen der einzelnen Disziplinen zusammengeführt werden. Die Fallbesprechung ist damit der passende Rahmen für die interdisziplinäre Analyse von Daten, Fakten und Informationen zu einem Kind und seiner Lebenswelt auf der Grundlage der verschiedenen Aufträge. Sie bietet die Chance, eine gemeinsame Sicht auf die Situation des Kindes und seiner Familie zu finden und damit die interdisziplinäre Zusammenarbeit zu fördern. Sie kann als eine besondere Möglichkeit zur Multiperspektivität genutzt werden. Sinnvoll wäre es, nicht nur einrichtungsinterne Besprechungen durchzuführen, sondern dafür zu sorgen, dass die jeweiligen »Wunschteams« zusammenkommen können. Ebenso könnte es sinnvoll sein, dass die Eltern persönlich daran teilnehmen.

Die Fallbesprechung kann dann die Zusammenführung, Analyse, Ziel- und Methodenplanung beinhalten. Damit wäre sie das zentrale Steuerungselement einer Komplexleistung Frühförderung.

Ein mögliches Vorgehen könnte folgendermaßen aussehen:

1. Auftragsabstimmung
   Die Abstimmung der jeweiligen Aufträge – Was soll erreicht werden?
2. Informationsaustausch
   Die Sammlung der verschiedenen Situationsbeschreibungen mit dem Ziel der Förderung von Multiperspektivität – Wer hat welche Informationen?
3. Analyse/Hypothesenbildung
   Der Prozess der Darstellung zirkulärer Prozesse und verschiedener Interpunktionsvarianten – Wie können die Informationen gedeutet werden? Welche Bedeutung haben einzelne Informationen?
4. Auswertung/Entscheidung
   Der Prozess der Planung im Team – Worauf einigt sich das Team?
5. Zielabstimmung
   Die Abstimmung der geplanten Ziele innerhalb eines festgelegten Zeitraums – Welche Ziele können erreicht werden?
6. Handlungsplanung/Verantwortungsverteilung
   Die Entscheidung über das weitere Vorgehen – wer soll was tun?

An jedem Punkt des Prozesses findet eine Abstimmung mit den Aufträgen statt.

8.4.2 Reflecting Team

Hypothesen können den Prozess der Analyse in der interdisziplinären Fallbesprechung unterstützen. Sie dienen einerseits der multiperspektivistischen Sicht auf die Partizipationsmöglichkeiten eines Kindes, andererseits aber auch der Reduktion von Komplexität auf den für den Auftrag notwendigen Ausschnitt. Dazu könnte die Methode des »Reflecting Team« beitragen. Es ist eine systemtheoretisch begründete Methode, in der Fachleute nach einer ersten Informationssammlung über die vermuteten Ressourcen der Akteure, die verschiedenen Perspektiven von Problemen und die bisherigen Lösungsversuche in Anwesenheit der Akteure sprechen. Es werden auch Hypothesen entwickelt, wie die Probleme erklärt werden könnten oder was dazu beitragen könnte, sie zu lösen. Das Reflecting Team ist eine Methode der Reflexion, die bei der Informationsbewertung hilfreich sein kann, denn sie berücksichtigt durch die Hypothesenbildung die Multiperspektivität von Problemen und hilft bei der Erweiterung, aber auch bei der Reduktion von Komplexitäten. Lösungsansätze und Unterstützungsmöglichkeiten können angenommen oder verworfen werden.

Hypothesen sollen helfen, die gesammelten Informationen und Daten auf der Grundlage des Auftrags/der Aufträge der verschiedenen Akteure zu ordnen. Sie sind damit ein Versuch der Komplexitätsreduktion, indem sie bestimmte Informationen und Daten hervorheben und zu einem Bild zusammenfügen, dagegen anderen Informationen und Daten eher vernachlässigen. Bestenfalls wird versucht, mehrere Hypothesen zu bilden und alternative Perspektiven zu entwickeln. Hypothesen sind sinnvoll für die Auswahl der Unterstützungsmöglichkeiten für ein System bezogen auf die Partizipationsmöglichkeiten.

Ein Beispiel aus der Praxis

Lisa (1;10) ist das einzige Kind ihrer Eltern. Sie läuft noch nicht. Eine neurologische Untersuchung zeigte keinen Hinweis auf eine neuromuskuläre Störung im Sinne einer diagnostischen Zuordnung. Lisa zeigt allerdings insgesamt eine deutliche Muskelhypotonie. Sie sitzt ausdauernd, nachdem sie lange gebraucht hat, um sich in diese Position zu bringen. Sie versucht nicht, Spielzeug, das außerhalb ihrer Reichweite ist, zu erreichen. Lisa spricht noch kein verständliches Wort, lautiert aber und produziert Silbenketten und Blas- und Reiblaute. Lisa wirkt sehr zufrieden und ruhig, sie zeigt auf Dinge, nimmt Blickkontakt auf und lächelt ihre Spielpartner an. Die Eltern sind sehr besorgt und fragen sich, welche Ursachen es geben könnte. Sie wünschen sich von den Fachleuten, dass diese ihnen Erklärungen bieten können und helfen können, dass Lisa nun laufen und sprechen lernt. Sie haben intensiven Beratungsbedarf und den Wunsch, dass Lisa möglichst bald in einen Kindergarten kommen kann, weil sie damit die Hoffnung verbinden, dass sie dort im Kontakt mit den anderen Kindern vieles leichter lernen kann. Die Mutter ist wieder schwanger und erwartet in 3 Monaten ihr zweites Kind Der Kinderarzt, die Physiotherapeutin und die Frühförderin sollen nun die Förderung planen.

Die Hypothesen sollen auf bestimmte Bereiche der komplexen Lebenswelt von Lisa fokussieren, das kann hilfreich sein für die Beschreibung von Partizipationsmöglichkeiten und -einschränkungen. Hier kommen drei Beispiele ohne Anspruch auf Vollständigkeit:

Hypothese 1: Lisa wird noch einige Zeit Förderung benötigen. Ihre Eltern wissen nicht, warum sie diese Entwicklungsstörung hat, das belastet die erneute Schwangerschaft, aber auch die Paarbeziehung.
Hypothese 2: Das Umfeld der Familie wird vermehrt zur Kenntnis nehmen, dass Lisa Entwicklungsschwierigkeiten hat, wenn sie nun zwei Jahre alt wird. Denn es wird erkennbarer für sie. Die Nachfragen an die Eltern werden sich verstärken, das wiederum hat Auswirkungen auf deren Bemühungen um die bestmögliche Förderung von Lisa.
Hypothese 3: Lisa wirkt zufrieden und ruhig. Wenn sie in den Kindergarten kommt, dann wird sie auch dort ihre Spielpartner anlächeln. Das kann für die Erzieherinnen und die Kinder ein Anreiz sein, sich mit ihr zu beschäftigen. Als Zweijährige würde sie in eine Krippengruppe kommen, in der auch andere Kinder noch nicht laufen und sprechen, so dass dadurch keine Partizipationseinschränkungen entstehen müssten.

Hypothesen setzen sich zusammen aus Fachwissen (Forschung und Erfahrung) und spezifischem Wissen über das jeweilige Kind und sein Umfeld. Sie sind sinnvoll als Grundlage für die Einschätzung der notwendigen Unterstützung zur Erhöhung der Partizipationsmöglichkeiten eines Kindes.

8.4.3 Konstruktive Kontroverse

Das zusammengeführte Wissen soll weiter auf der Grundlage der gebildeten Hypothesen analysiert werden. Die Analyse gehört unbedingt auch zur interdisziplinären Zusammenarbeit, denn Frühförderung ist keine Leistung einer einzelnen Berufsgruppe. Verschiedene Fachleute mit Ausbildungen in Heilpädagogik, Medizin, Psychologie oder einem der Therapieberufe sind daran beteiligt. Auf der Grundlage der Analyse sollen gemeinsame Entscheidungen getroffen werden, Entwicklungsziele formuliert und ein umfassenderer Eindruck über die Lebenssituation des Kindes erlangt werden, als es jeder einzelnen Fachkraft allein möglich wäre. Eine mögliche Methode wäre die der konstruktiven Kontroverse.

Die konstruktive Kontroverse ist ein theoretisch begründetes und empirisch abgesichertes Verfahren, das bisher eher in Schulen und anderen Ausbildungsstätten eingesetzt wurde und nun auch für die interprofessionelle Abstimmung vorgeschlagen wird (vgl. Vollmer, 2016, S. 375). Die konstruktive Kontroverse ist folgendermaßen aufgebaut: Ausgehend vom Problem sollen verschiedene Lösungswege erarbeitet werden, diese werden dann in sogenannten »advocacy«-Teams genauer ausgearbeitet und dann in einer ersten offenen Diskussionsrunde jeweils kritisch zu hinterfragt. Es folgt ein Perspektivwechsel der »advocacy«-Teams und eine weitere Diskussionsrunde. Anschließend wird das advocacy-Prinzip aufgegeben und eine integrative Entscheidung getroffen. Es folgt die Umsetzungsplanung. Den Abschluss bildet eine Reflexion des Prozesses.

> »Das Gelingen eines solchen Prozesses ist an bestimmte Voraussetzungen gebunden. Zum einen muss sichergestellt werden, dass die Gruppe eine heterogene Zusammensetzung aufweist, also unterschiedliche Perspektiven und eine genügende Informationsbreite vorhanden sind. Zum anderen ist ein kooperativer Kontext notwendig, in dem die Mitglieder in einer positiven Interpendenz zu einander stehen« (Vollmer, 2016, S. 373).

Ist also der Teambildungsprozess geglückt und die Teammitglieder fühlen sich wohl miteinander und im Team, dann könnte ein solches Vorgehen neben dem Finden eines individuellen Lösungsweges bzw. der weiteren Vorgehensweise bei der jeweiligen Familie auch noch das gegenseitige Lernen der Fachleute unterstützen und somit die Möglichkeit der Entwicklung von der interdisziplinären zur transdisziplinären Zusammenarbeit bieten, bei der dann das gegenseitig Gelernte in der Kooperation mit dem/der Vertreter*in der anderen Disziplin angewandt wird. Die vorher gebildeten Hypothesen könnten eine Hilfestellung bieten für die Suche nach verschiedenen Lösungswegen. Grundlegend ist jedoch die Suche nach dem Problem. Denn die konstruktive Kontroverse geht davon aus, dass es gelungen ist, sich auf ein gemeinsames Problem zu verständigen.

8.5 Abgestimmtes Vorgehen

Die Vorgehensweise wurde abgestimmt, das bedeutet, dass so wie auf einer Checkliste die folgenden Punkte abgehakt werden können:

- Jede der beteiligten Fachkräfte kennt ihre Aufgabe.
- Jeder kennt auch die Aufträge und Aufgaben der anderen Akteure.
- Die Eltern haben als Vertreterinnen und Vertreter des Kindes die Entscheidungsmacht, sie sind umfassend informiert und einverstanden.
- Ihr Auftrag wurde berücksichtigt.
- Die gemeinsamen Ziele sind allen bekannt.
- Es gibt einen gemeinsamen Bericht, in dem alle Akteure ihren Beitrag für das Erreichen der Ziele benennen können.

Dieses Vorgehen kann gelingen, wenn die übergeordneten Teilhabeziele des Kindes und seiner Familie für alle Akteure gelten und sie ihre Tätigkeit als einen Beitrag zur Erreichung dieser Ziele definieren.

8.6 Eine gemeinsame Sprache

Ein Wunschteam kann auch ein Team sein, wenn die Bedingungen für gute interdisziplinäre Zusammenarbeit erfüllt sind. Den Teammitgliedern steht zur Abstimmung – als Vertreterinnen und Vertretern verschiedener Fachdisziplinen – eine jeweils fachspezifische Sprache zur Verfügung. Jede Sprache ist ein Verständigungssystem, aber die Fachsprache des einen entspricht nicht zwingend der Fachsprache der anderen. Sie bleibt möglicherweise für andere unverständlich, obwohl beide die gleiche (Landes-)Sprache sprechen. Sprache wird in kulturellen Zusammenhängen erlernt. Dazu gehören auch Fachsprachen. Betrachtet man Kultur als Gesamtheit von Werten, Einstellungen und Überzeugungen, die eben auch in einer Berufsausbildung vermittelt werden, dann unterliegt eine interdisziplinäre Zusammenarbeit den Bedingungen kultureller Unterschiede, die sich in der Sprache der Berufsgruppen niederschlägt.

Häufig zeigen sich grundlegend andere Herangehensweisen, andere Einstellungen und andere Wertigkeiten, welche die Zusammenarbeit erschweren können, wenn sie nicht benannt und erklärt werden. Wenn Verwirrung vorherrscht bezüglich des unverständlichen Vorgehens der anderen (Wunsch-)Teammitglieder, dann droht die Gefahr wachsender allgemeiner Vorurteile gegenüber anderen Berufsgruppen.

Vorurteile – auch nur in Ansätzen – verhindern die Entstehung eines »Wir-Gefühls«. So kann sich kein Team bilden. Teams müssen kommunizieren. Kommunikation bedarf einer gemeinsamen Sprache.

Teil I: Interdisziplinäre Zusammenarbeit

9 ICF als gemeinsame Sprache

Die Internationale Klassifikation der Funktionsfähigkeit, Behinderung und Gesundheit (ICF) der Weltgesundheitsorganisation (WHO) soll diese gemeinsame Sprache bieten, so dass eine interdisziplinäre Zusammenarbeit gelingen kann.

> »Die ICF gehört zu der von der Weltgesundheitsorganisation (WHO) entwickelten ›Familie‹ von Klassifikationen für die Anwendung auf verschiedene Aspekte der Gesundheit. Die WHO-Familie der Internationalen Klassifikation stellt einen Rahmen zur Kodierung eines breiten Spektrums von Informationen zur Gesundheit zur Verfügung (z. B. Diagnosen, Funktionsfähigkeit und Behinderung, Gründe für die Inanspruchnahme der Gesundheitsversorgung) und verwendet eine standardisierte allgemeine Sprache, welche die weltweite Kommunikation über Gesundheit und gesundheitliche Versorgung in verschiedenen Disziplinen und Wissenschaften ermöglicht« (World Health Organization (WHO), 2011, S. 29f.).

Die ICF ist als Ergänzung zur Internationalen statistischen Klassifikation der Krankheiten und verwandter Gesundheitsprobleme (ICD) entwickelt worden und hält als gemeinsame Sprache nun allmählich Einzug in den deutschen Frühförderstellen, Heilpädagogischen und Therapiepraxen und Sozialpädiatrischen Zentren. Dabei entstehen derzeit hauptsächlich Kodierhilfen, Messverfahren und Fragebögen. Wenig ist (noch) davon zu lesen, wie die Sprache gemeinsam genutzt werden kann, wie eine verbindende Kultur entstehen kann, in der Werte, Einstellungen und Überzeugungen im Team entstehen und die Arbeit prägen. Das ist jedoch die Basis der ICF. Auf der Grundlage der Vorstellungen, Einstellungen und Auseinandersetzungen mit Begriffen wie Gesundheit, Krankheit und Behinderung ist sie entstanden. Eine ICF Kodierung, durchgeführt von einer einzelnen Fachperson, macht für die individuelle Förder- und Behandlungsplanung wenig Sinn. Eine Kodierung an sich ist für die Entscheidung über Maßnahmen, die für ein Kind geplant werden, zu wenig aussagekräftig. Es fehlen die Erklärung,

Interdisziplinäre Zusammenarbeit

die Bedeutung, die Folgerungen aus der Tatsache, dass ein Item, also ein inhaltliches Thema in der ICF, kodiert wurde.

Eine gemeinsame Sprache der Disziplinen ermöglicht Verständigung und schafft die Möglichkeit, Sichtweisen und Einstellungen zu erklären. Eine gemeinsame Sprache kann dazu genutzt werden, diese verschiedenen Sichtweisen zu sammeln, gemeinsam zu bewerten und weitere abgestimmte Handlungsideen daraus abzuleiten. Dazu gehören der lebendige Austausch, die Bereitschaft der Bildung gemeinsamer Werte und Einstellungen. Eine interdisziplinäre Fachsprache ohne den Boden einer verbindenden Kultur bleibt ungenutzt.

Einer dieser kulturellen Zusammenhänge entsteht gerade. Mit der UN-Behindertenrechtskonvention, die auch von Deutschland ratifiziert wurden, ändert sich die Sicht auf Menschen mit Behinderungen (siehe dazu auch: Kühl, Kap. 4: Inklusion im gesellschaftlichen Diskurs).

Parallel dazu entstand die ICF aus der Idee heraus, dass eine ICD-Diagnose, also eine Diagnose auf der Grundlage des bio-medizinischen Modells von Krankheiten, nicht ausreicht, um etwas über die Bedürfnisse von Patientinnen und Patienten zu sagen. Die Diagnose von Funktionsbeeinträchtigungen bzw. Gesundheitsproblemen reicht nicht aus, um festzustellen, welche Beeinträchtigungen ein Mensch mit einem Gesundheitsproblem erlebt. Deshalb wurde das bio-medizinische Modell ergänzt zum bio-psycho-sozialen Modell. Der Fokus wird nun darauf gelegt, in Erfahrung zu bringen, welche Einschränkungen in der Aktivität und Partizipation ein Mensch hat, wenn ein Gesundheitsproblem vorliegt. Hintergrund ist auch hier natürlich die UN-Behindertenrechtskonvention. Sie ist geltendes Recht in Deutschland. Danach entsteht Behinderung

»aus der Wechselwirkung zwischen Menschen mit Beeinträchtigungen und einstellungs- und umweltbedingten Barrieren [...], die sie an der vollen, wirksamen und gleichberechtigten Teilhabe an der Gesellschaft hindern« (Internetquelle: Bundesministerium für Arbeit und Soziales: UN-Behindertenrechtskonvention, Präambel).

Teil I: Interdisziplinäre Zusammenarbeit

Inklusion ist Teil einer Kultur, die entstehen soll. Dies ist ein Prozess, der derzeit gesamtgesellschaftlich ausgerichtet ist und in Deutschland in einem enormen Spannungsfeld insbesondere auch zwischen Präimplantationsdiagnostik, Pränataldiagnostik und Inklusion stattfindet. In diesem Spannungsfeld befinden sich auch alle Fachleute, die in der Frühförderung arbeiten. Das Ziel der Inklusion hat auf ihre Tätigkeit deutliche Auswirkungen, beispielsweise auch auf die Diagnostik:

> »Während traditionelle Diagnostik lange auf das Erkennen von Krankheiten ausgerichtet war, richtet sich inklusive Diagnostik stärker auf das Erkennen und Beschreiben von Zuständen« (Luder, Kunz & Diezi-Duplain, 2015).

Wir brauchen für die Förderung von Inklusion den interdisziplinären Austausch, um Partizipation zu verstehen und Zustände beschreiben zu können. Die Umweltfaktoren und ihre Auswirkungen auf die Partizipationsmöglichkeiten eines Kindes sind dafür von großer Bedeutung und müssen in den diagnostischen Prozess einfließen. Luder, Kunz und Diezi-Duplain verweisen darauf, dass die Fachleute, die Institutionen und Organisationen selbst als Teil der Umweltfaktoren zu verstehen sind und somit stets selbst auch als Barriere oder Förderfaktor gelten können (ebd., S. 336). Das ist eine Sichtweise, die in jede Förderplanung einfließen sollte. Sie ist für viele Fachdisziplinen noch neu und ungewöhnlich. Fachleute können sowohl als Förderfaktoren als auch als Barrieren angesehen werden.

Insgesamt betrachtet werden bei der Frage danach, wie die Partizipationsmöglichkeiten eines Kindes bestmöglich unterstützt werden können, verschiedene Informationen relevant, die aus mehreren Quellen zusammengetragen werden müssen und aufeinander bezogen werden sollen. Die ICF wurde genau dafür entwickelt. Dabei wird deutlich: Eine gemeinsame Sprache ohne Bereitschaft zum Austausch und zu dem aus dem Austausch hervorgehenden Abstimmungsprozess über das weitere gemeinsame Vorgehen macht keinen Sinn. Es entsteht keine gemeinsame Kultur.

Interdisziplinäre Zusammenarbeit

Welche Wechselwirkungen führen bei einem Kind, das Frühförderung bekommt, dazu, dass es an der vollen und gleichberechtigten Teilhabe an der Gesellschaft gehindert ist? Wie können diese Hindernisse beseitigt werden? Das soll ein interdisziplinäres Team gemeinsam mit den Bezugspersonen des Kindes herausfinden. Die Ziele der Frühförderung sind die Beseitigung der Hindernisse, die bestmögliche Förderung der Entwicklung und der Teilhabe am Leben in der Gemeinschaft.

Dieses Denken in Wechselwirkungen greift die ICF auf und bringt so mehrere Aspekte zusammen: das Gesundheitsproblem, die Körperfunktionen, die Körperstrukturen, die Aktivitäten, die Partizipationsmöglichkeiten, die Umweltfaktoren und die Personbezogenen Faktoren.

Jeder einzelne Aspekt ist für verschiedene Fachdisziplinen bisher im Arbeitsfeld und in der beruflichen Ausbildung jeweils von unterschiedlicher Bedeutung gewesen. Jede Berufsgruppe hatte bei einem oder mehreren dieser Aspekte einen »blinden Fleck«. Jede einzelne Berufsgruppe kann an der ICF kritisieren, dass die Bedarfe der eigenen Profession nicht vollumfänglich berücksichtigt wurden, jeder einzelne kann aber auch kritisieren, dass die Menge an Items viel zu groß ist. Es gibt viele Unstimmigkeiten und verständliche Kritikpunkte an der ICF.

Nimmt man sie allerdings als gemeinsame Sprache, die verschiedene Menschen mit verschiedenen beruflichen Hintergründen nutzen können, um sich auszutauschen, dann wird die Stärke der ICF deutlich: Das Denken in Wechselwirkungen findet Unterstützung durch die Zusammenführung der verschiedenen Aspekte in einem Modell.

Während bereits versucht wird, die ICF für die Kodierung handhabbarer zu machen durch beispielsweise Core-Sets, Fragebögen, IT-Lösungen usw., darf allerdings die Frage nicht verloren gehen: Wie nutzen wir die gemeinsame Sprache zur interdisziplinären Zusammenarbeit?

Zu den oben genannten Methoden wäre sie passend, denn diese sind ebenso kontextorientiert wie die ICF. In der ICF wird der Fokus gleichgewichtig zu den bio-medizinisch beschreibbaren Eigenschaften eines Menschen auf seine Aktivität und Partizipation an für ihn wünschenswerten Lebensbereichen gelegt. Beides wird zusätzlich in den Kontext eingebunden. Die ICF hat damit zwei Eigenschaften, die sie als hilfreiches Instrument für die interdisziplinäre Zusammenarbeit in der Frühförderung auszeichnen: Sie bietet eine gemeinsame Sprache und legt den Fokus auf die Partizipationsmöglichkeiten eines Menschen in seinem Umfeld. Sie kann so dazu beitragen, inklusive Prozesse in Gang zu bringen.

10 Fazit und Ausblick

Zu Beginn dieses Buchabschnitts wurden Fragen zur interdisziplinären Zusammenarbeit formuliert, die nun noch einmal aufgegriffen werden sollen.

Verbessert der interdisziplinäre Austausch die Frühförderung eines Kindes?

Diese Frage ist hier leider nicht so einfach zu beantworten, denn es sind bisher keine empirischen Forschungen dazu bekannt. Interdisziplinäre Zusammenarbeit unterliegt zudem – wie in den vorangegangenen Kapiteln beschrieben – Bedingungen, die dazu führen können, dass sie gelingt oder eben auch nicht gelingt. Grundsätzlich kann eine als gut empfundene interdisziplinäre Zusammenarbeit wesentlich dazu beitragen, dass das Vorgehen der verschiedenen Berufsgruppen aufeinander abgestimmt geschieht. Ohne einen interdisziplinären Austausch wäre dies nicht möglich. Ein fehlender interdisziplinärer Austausch hätte zur Folge, dass es keine Komplexleistung Frühförderung geben könnte, denn diese erfordert nun einmal das abgestimmte Vorgehen. Also kann ohne interdisziplinären Austausch die Komplexleistung Frühförderung gar nicht erfolgen.

Eigentlich müsste eine andere Frage gestellt werden und zwar: Verbessert der interdisziplinäre Austausch die Partizipationsmöglichkeiten des Kindes?

Auch das ist bisher nicht empirisch überprüft worden. Aus systemtheoretischer Sicht konnten allerdings Argumente dafür gefunden werden. Der Einbezug des Kontextes in die Beurteilung von Entwicklungschancen, -risiken und Partizipationsmöglichkeiten eines Kindes legt die interdisziplinäre Zusammenarbeit nahe. Dennoch muss festgehalten werden, dass sie von der Motivation und Bereitschaft jedes einzelnen abhängig ist. Solange interdisziplinäre Zusammenarbeit in der Frühförderung nicht strukturierter beschrieben und die dafür notwendigen Ressourcen auch finanziert werden, bleibt es jedem frei, diese nach eigenem Gutdünken auszugestalten. Wenn sie jedoch gelingt, dann entsteht etwas Neues, mehr als eine reine Addition verschiedener Leistungen, eine echte Komplexleistung. Davon können das Kind und seine Familie profitieren. Besonderes Augenmerk muss dazu auf der gemeinsamen Situationserfassung und -analyse liegen.

Interdisziplinäre Zusammenarbeit ist stets ausgehend von den jeweiligen Aufträgen, wie sie in Kapitel 8 beschrieben wurden, individuell für ein Kind und seine Familie zu gestalten. Es gibt dabei die Schnittstellen zu den großen Bereichen »Bildung« und »Gesundheit«, die in Deutschland als Systeme getrennt behandelt, geplant und finanziert werden. In der Komplexleistung Frühförderung soll also etwas zusammengeführt werden, was traditionell bisher nicht verschränkt gedacht wurde. Das ist ein Punkt, der bisher in den Ausbildungen der verschiedenen Berufsgruppen eher eine untergeordnete Rolle spielt. Eine Interprofessionelle Ausbildung von Fachleuten der einzelnen Berufsgruppen müsste dringend flächendeckend eingeführt werden (vgl. Kraus de Camargo & Snyman, 2019, S. 95f.). Darunter ist zu verstehen, dass die professionsspezifischen Aspekte der Ausbildung jeweils durch interdisziplinäre Aspekte und interprofessionell organisierte Ausbildungsanteile ergänzt werden. Erst die Entwicklung einer gemeinsamen inklusiven Kultur macht eine gemeinsame Sprache, wie sie die ICF anbietet, lebendig und bildet die Grundlage für den interdisziplinären Austausch. Bis dahin ist es noch ein langer Weg (siehe dazu auch: Kühl, Kap. 5: Beziehung zwischen Partizipation und Inklusion). Interdisziplinäre Zusammenarbeit kann dazu beitragen, Lebenswelten von Menschen in ihrer Komplexität zu begegnen und individuelle Unterstützungsbedarfe und -bedürfnisse zu erfassen. Interdisziplinäre Zusammenarbeit ist damit ein wichtiger und notwendiger Stützpfeiler der Inklusion. Grundlage dafür sind die gemeinsamen Bemühungen um die größtmögliche Partizipation jedes Menschen.

Jedoch bleibt eine Frage noch offen: Was verstehen wir unter Teilhabe bzw. Partizipation? Damit nähern wir uns dem Thema im zweiten Abschnitt dieses Buches: der Inklusion.

Literatur

Albers, S. & Neuhäuser, G. (2006): Interdisziplinäre Frühförderung und das Gesundheits- und Sozialsystem: Versuch einer Deutung der gegenwärtigen Lage. In: Frühförderung interdisziplinär 25 (2), 65–70.
Boos, F. & Mitterer, G. (2014): Einführung in das systemische Management. Heidelberg: Carl-Auer Verlag.
Bundesarbeitsgemeinschaft für Rehabilitation (BAR) e. V. (2013): Diskussions- und Ergebnisbericht aus der Expertenrunde »Umsetzung und Weiterentwicklung der Komplexleistung Frühförderung«. Frankfurt a. M.
Dilitzer, S. (2014): ... der Interdisziplinarität in der Frühförderung. In: Sonderpädagogische Förderung heute, 59, 2, 126.
Fayed, N., Kraus de Camargo, O., Elahi, I., Dubey, A., Fernandes, R. M., Houtrow, A. & Cohen, E. (2014): Patient-important activity and participation outcomes in clinical trials involving children with chronic conditions. In: Quality of Life Research 23 (3), 751–757.
Greving, H. & Ondracek, P. (2009): Heilpädagogisches Denken und Handeln. Stuttgart: Kohlhammer.
Hackmann, J. (1990): Groups that work (and Those That Don't) – Creating Conditions for Effective Teamwork. San Francisco Jossey-Bass Publishers.

Hochuli Freund, U. & Stotz, W. (2015): Kooperative Prozessgestaltung in der Sozialen Arbeit (3. Auflage). Stuttgart: Kohlhammer.

Hollenweger, J. (2016): Situationsanalyse. In: Hedderich, I., Biewer, G., Hollenweger, J. & Markowetz, R. (Hrsg): Handbuch der Inklusion und Sonderpädagogik. Bad Heilbrunn: Verlag Julius Klinkhardt.

Jetter, K. (1999): Diagnostik in der Frühförderung. In: : Wilken, E. (Hrsg.): Frühförderung von Kindern mit Behinderung. Stuttgart: Kohlhammer, 69–81.

Kauffeld, S. (2001): Teamdiagnose. Göttingen: Verlag für angewandte Psychologie.

Kraus de Camargo, O. & Snyman, S. (2019): The ICF: themes and tool for the education of health professionals, in: Kraus de Camargo, O., Simon, L., Ronen, G. & Rosenbaum, P. (Hrsg.): A Hands-on Approach for Clinicians and Families. London: MacKeith.

Kraus de Camargo, O., Simon, L., Ronen, G., Rosenbaum, P. (2020): Die ICF-CY in der Praxis. Bern: Hogrefe

Luder, Reto, Kunz, André & Diezi-Duplain, Peter (2015): Inklusive Diagnostik. In: Hedderich, I., Biewer, G., Hollenweger, J. & Markowetz, R. (Hrsg.): Handbuch Inklusion und Sonderpädagogik. Bad Heilbrunn: UTB Julius Klinkhardt

Ludewig, K. (2009): Einführung in die theoretischen Grundlagen der systemischen Therapie (2. Auflage). Stuttgart: Klett-Cotta.

Luhmann, N. (1984): Soziale Systeme. Frankfurt a. M.: Suhrkamp Taschenbuch Verlag.

Luhmann, N. & Schorr, K. (1982): Das Technologiedefizit der Erziehung und Pädagogik. In: Luhmann, N. & Schorr, K. (Hrsg.): Zwischen Technologie und Selbstreferenz. Frankfurt a. M.: Suhrkamp Verlag, 11–40.

Mahler, C., Gutmann, T., Karstens, S. & Joos, S. (2014): Begrifflichkeiten für die Zusammenarbeit in den Gesundheitsberufen – Definition und gängige Praxis. In: GMS Zeitschrift für Medizinische Ausbildung, Vol. 31 (4), 1–10.

Merten, U. (2015): Professionelle Kooperation. In: Merten, U. & Kaegi, U. (Hrsg.): Kooperation kompakt. Berlin: Verlag Barbara Budrich.

Ochs, M. & Orban, R. (2012): Gelingende Kooperationen gestalten als ein Kernkonzept systemischen Arbeitens. In: Kontext 43, 2, 154–166.

Popp, T. K. & Wilcox, M. J. (2012): Capturing the complexity of parent-provider relationships in early intervention: The association with maternal responsivity and children's social-emotional development. In: Infants and Young Children, 25 (3), 213–231.

Schwingh, R. & Fryszer, A. (2015): Systemisches Handwerkzeug (7. Auflage). Göttingen: Vandenhoek & Ruprecht.

Simmen, R., Buss, G., Hassler, A. & Immos, S. (2008): Systemorientierte Sozialpädagogik (2. Auflage). Bern: UTB Haupt Verlag.

Simon, L. & Kraus de Camargo, O. (2008): Professionelles Rollenverständnis verschiedener Disziplinen in der Interdisziplinären Frühförderung. In: Praxis Psychomotorik, Heft 1, 33. Jahrgang, 4–7.

Speck, O. (1996): Professionelle Kooperation und Interdisziplinarität – Herausforderung und Chance in der Rehabilitation. In: Kongressbericht dgs: Interdisziplinäre Zusammenarbeit – Illusion oder Vision. Münster: dgs, 37–52.

Trivette, C. M., Dunst, C. J. & Hamby, D. W. (2010): Influences of family-systems intervention practices on parent-child interactions and child development. In: Topics in Early Childhood Special Education, 30 (1), 3–19.

Thurmair, M. & Naggl, M. (2007): Praxis der Frühförderung (3. Auflage). München/Basel: Reinhardt Verlag.

Vollmer, A. (2016): Die konstruktive Kontroverse in der interprofessionellen Zusammenarbeit In: Dick, M., Marotzki, W. & Mieg, H. (Hrsg.): Handbuch Professionsentwicklung, Bad Heilbrunn: Klinkhardt UTB.

Watzlawick, P., Beavin, J. & Jackson, D. (2007): Menschliche Kommunikation (11. Auflage). Bern: Huber.

Wessel, K. F. & Diesner, T. (2010): Wissenschaftstheorie und Wissenschaftsgeschichte. In: Horster, D. & Jantzen, W. (Hrsg.): Wissenschaftstheorie (Enzyklopädisches Handbuch der Behindertenpädagogik, Band 1). Stuttgart: Kohlhammer, 47–64.

World Health Organization (WHO) (2011): ICF-CY, Internationale Klassifikation der Funktionsfähigkeit, Behinderung und Gesundheit bei Kindern und Jugendlichen, Übersetzt und herausgegeben von Judith Hollenweger und Olaf Kraus de Camargo unter Mitarbeit des deutschen Instituts für Medizinische Dokumentation und Information (DIMDI) Bern: Huber.

Internetquellen

Bundesministerium der Justiz und für Verbraucherschutz: Sozialgesetzbuch Neuntes Buch – Rehabilitation und Teilhabe von Menschen mit Behinderungen – (Artikel 1 des Gesetzes v. 23. Dezember 2016, BGBl. I S. 3234) (Neuntes Buch Sozialgesetzbuch – SGB IX), § 46 Früherkennung und Frühförderung: https://www.sozialgesetzbuch-sgb.de/sgbix/46.html (Zugriff am 26.3.2020).

Institut für Sozialforschung und Gesellschaftspolitik (ISG): Strukturelle und finanzielle Hindernisse bei der Umsetzung der interdisziplinären Frühförderung gem. § 26 Abs. 2 Nr. 2 i.V.m. §§ 30 und 56 Abs. 2 SGB IX: https://www.isg-institut.de/strukturelle-und-finanzielle-hindernisse-bei-der-umsetzung-der-interdisziplinaeren-fruehfoerderung-gem-§-26-abs-2-nr-2-v-m-§§-30-und-56-abs-2-sgb-ix/ (Zugriff am 26.08.2022).

Deutscher Bundestag (2016): Entwurf eines Gesetzes zur Stärkung der Teilhabe und Selbstbestimmung von Menschen mit Behinderungen (Bundesteilhabegesetz – BTHG): https://dserver.bundestag.de/btd/18/095/1809522.pdf (Zugriff am 28.08.2022).

Bundesministerium für Gesundheit: Gemeinsame Pressemitteilung, https://www.gesundes-schleswig-holstein.de/aktuelles/gemeinsame-pressemitteilung-von-bmg-und-bmas-berlin (Zugriff am 16.08.2022).

Vereinigung der Interdisziplinären Frühförderung – Bundesvereinigung (VIFF) (2020): Qualitätsstandards für die Interdisziplinären Frühförderstellen. 3. Auflage. https://www.viff-früehfoerderung.de/2020/03/19/neue-qualitätsstandards/. Zugriff am 18.97.2022

Bundesministerium der Justiz und Verbraucherschutz: Gesetze im Internet. SGB IX: https://www.gesetze-im-internet.de/index.html (Zugriff am 16.08.2022)

Anhang

Auftragsklärung

Was ist aus Ihrer Sicht ein Problem?
Was soll sich mithilfe der Frühförderung ändern?
Was wäre dann anders und für wen?
Was soll auf jeden Fall so bleiben, wie es ist?

Teil I: Interdisziplinäre Zusammenarbeit

Zusammenführung der notwendigen Akteure

Netzwerkkarte

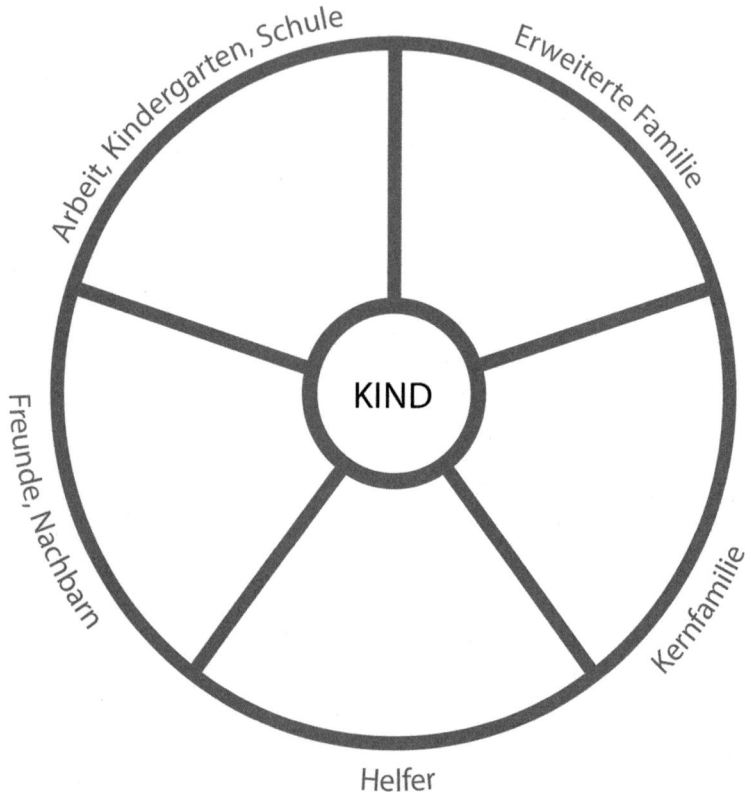

Familienhelfermap

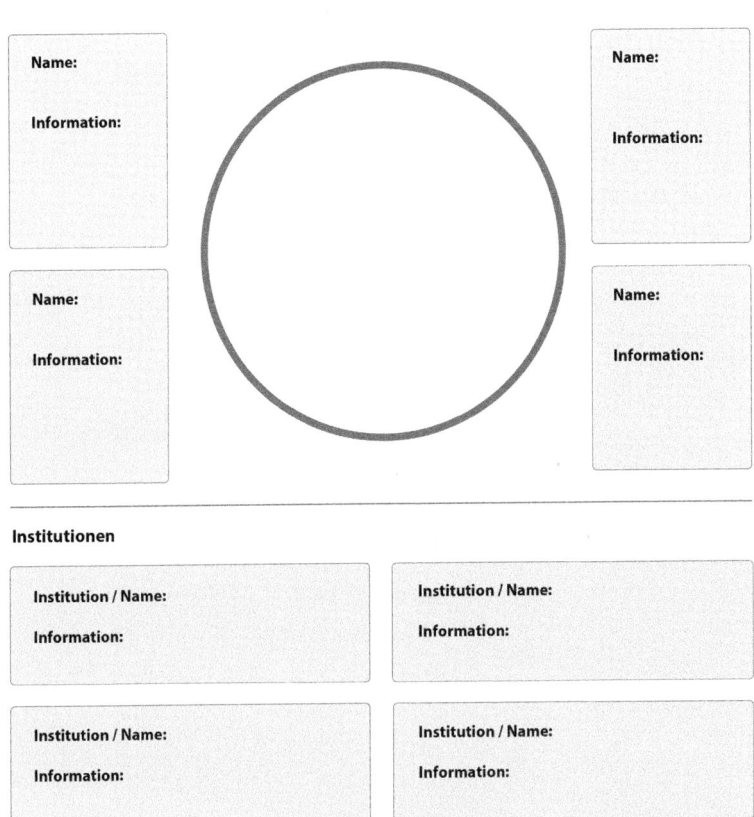

Situationserfassung

Was wissen wir über die Partizipationsmöglichkeiten des Kindes?
Was wissen wir über den Einbezug des Kindes in sein Lebensumfeld?
Welche Informationen fehlen noch, um die Situation entsprechend des Auftrags/der Aufträge zu verstehen?
Wie und von wem können sie beschafft werden?

Interdisziplinäre Zusammenarbeit

Situationsanalyse

Hypothesen

_____
_____
_____

Konstruktive Kontroverse
Problem: _____

Lösungsvorschlag 1: _____
_____
_____
_____

Diskussionsrunde: Kritikpunkte:
_____
_____
_____

Lösungsvorschlag 2: _____
_____
_____
_____

Diskussionsrunde: Kritikpunkte:
_____
_____
_____

Teil I: Interdisziplinäre Zusammenarbeit _____

Lösungsvorschlag 3: _____
_____
_____
_____

Diskussionsrunde: Kritikpunkte:
_____
_____
_____
_____

Abschlussdiskussion
_____
_____
_____
_____

Umsetzungsplanung:
_____
_____
_____
_____

Teil II:

Inklusion – Konzeptionelle Öffnung der Interdisziplinären Frühförderung?

Inklusion – Konzeptionelle Öffnung der Interdisziplinären Frühförderung?

Jürgen Kühl

»Die Art und Weise, in der Erwachsene mit Unterschieden umgehen, gibt Kindern Informationen über gesellschaftliche Machtverhältnisse und Diskriminierungsprozesse« (Daniela Kobelt-Neuhaus, 2012, 312).

Teil II: Inklusion – Konzeptionelle Öffnung

Einführung

»Inklusion« – ein Schlagwort bei Eltern, in Fachkreisen, in der Presse und in der Öffentlichkeit.

Der konzeptionelle Hintergrund für »Inklusion« ist das im Dezember 2006 von den Vereinten Nationen verabschiedete »Übereinkommen über die Rechte von Menschen mit Behinderungen« (UN Convention on the Rights of Persons with Disabilities – RPD), in deutscher Sprache kurz als »Behindertenrechtskonvention« oder UN-BRK bezeichnet. Deren Leitmotiv »Inklusion« ist eine ethische Haltung, die den bisherigen gesellschaftlichen Umgang mit Menschen mit Behinderungen radikal in Frage stellt. Danach ist »die Normalität durch eine Heterogenität und Diversität bestimmt« (Sohns, 2010, 91). Die Frühförderung, wie sie sich in Deutschland entwickelt hat, enthält auch Anteile aus dem System Frühpädagogik. Die Frühförderung, interdisziplinär organisiert, ist verantwortlich für die koordinierte Förderung, Therapie und soziale Unterstützung von Kindern mit Entwicklungsbeeinträchtigungen (von der Geburt bis zur Einschulung) und ihren Familien in ihrem Lebensumfeld. Im Rahmen der Implementierung der Inklusion wird sie langfristig den exkludierenden Charakter als »Sondereinrichtung« hinter sich lassen im Sinne der »natürlichen Vielfalt« aller Kinder. Das stellt einen fundamentalen kulturellen Wandel dar und zugleich eine Abkehr von bisherigen Konzepten von Integration. Der damit verbundene Anspruch ist allgemeingültig, aber bisher weit entfernt von einer gelebten Realität.

Mit der Verabschiedung der UN-BKR wurde am »Deutschen Institut für Menschenrechte« eine Monitoringstelle eingerichtet, die 10 Jahre – 2019 – nach Inkrafttreten des Gesetzes einen Bericht über die bisherige Umsetzung erstellt hat: »Wer Inklusion will, sucht neue Wege«. In diesem Bericht kann man unter Stichworten Informationen abrufen. Das Wort »Frühförderung« kommt nicht vor. Das Wort »Kindergarten« einmal im Kontext von Sondereinrichtungen. Kinder werden erst in Zusammenhang mit schulischer

Bildung in den Bericht einbezogen (Institut für Menschenrechte, 2019). Zur frühen Kindheit sind keine Informationen zu finden. Dem steht im Artikel 2b der BRK ausdrücklich gegenüber »die Förderung einer respektvollen Einstellung gegenüber den Rechten von Menschen mit Behinderungen auf allen Ebenen des Bildungssystems, auch *bei allen Kindern von früher Kindheit an*« (Hervorhebung J.K.).

Diese Tatsache erstaunt, als ein ausführliches Kapitel des Berichtes der Monitoringstelle dem Bereich Bildung gewidmet ist. Im Gremium bilden 7 Juristinnen und Juristen von 11 Personen die überwiegende Mehrheit. Warum ist vorschulische Bildung komplett ausgeblendet? Beginnt die frühe Kindheit rechtlich erst mit dem Schuleintritt? Auch eine beteiligte Sonderschullehrerin scheint den frühkindlichen Bildungsbereich nicht zu vertreten. Es ist unumstrittener Konsens, dass sich die BRK an *alle* Menschen von der Geburt bis zum Lebensende richtet. Alle im Zusammenhang mit dem Thema »Behinderung« in Deutschland geltenden Gesetze werden (durchaus mit Hindernissen) auch auf Kinder jeden Alters angewandt. Warum werden Kinder von 0 Jahren bis zur Einschulung von der Monitoringstelle nicht einmal erwähnt?

Das passt so gar nicht in die öffentliche Diskussion, in der zunehmend die Bedeutung und die Qualität frühkindlicher Bildung zum Thema wurden. Außerdem verweisen Fachleute unterschiedlichster Professionen auf die hohe Bedeutung der frühen Lebensjahre im Rahmen der Gesamtentwicklung. Inklusion in die Gesellschaft beginnt nicht in der Schule! Inklusion beginnt für alle Kinder in der Schwangerschaft bzw. nach der Geburt. Die Interdisziplinäre Frühförderung hat den Auftrag, frühzeitig inklusive Entwicklungsprozesse bei einer Bedrohung der kindlichen Entwicklung zu fördern.

Wie weit die Realität der Umsetzung der Konvention bezogen auf Kinder von 0 bis 3 Jahren entfernt ist, macht 2019 ein *Appell* unterschiedlicher Fachverbände und freier Wohlfahrtsverbände deutlich. Es geht dabei um die unübersichtlichen Zuständigkeiten zwischen dem Bildungs-, dem Gesundheits- und dem Sozialbereich, und das wiederum auf den unterschiedlichen Ebenen (Bundesregierung, Landesregierung, obere Verwaltungsbehörden und kommunale Verwaltungen). Der Appell wurde durch die *Deutsche Gesellschaft für Sozialpädiatrie und Jugendmedizin* veröffentlicht. »So ist zum Beispiel in jeder Hinsicht inakzeptabel, dass das Sozialrecht den jeweiligen IQ-Wert von Kindern und Jugendlichen zum prägenden Merkmal erhebt, weil sich danach die behördliche Zuständigkeit entscheidet« (Appell, 2019, 447). »Aufgrund der hierdurch entstehenden Zuständigkeitsstreitigkeiten werden viele Kinder und Jugendliche und Familien nicht nur zwischen den Behörden hin und her geschoben, erhalten keine, verspätet oder nur unzureichende Hilfen« (ebenda, 448).

Wie begründet diese Forderung nach Klarheit ist, wurde während der letzten 20 Jahre deutlich. Das SGB IX wurde im Juli 2001 verabschiedet und ist in unterschiedlicher Weise sehr verzögert und oft unzureichend umgesetzt worden. Es wurde 2 Jahre später durch die Frühförderverordnung (FrühV) ergänzt und 2016 in das Bundesteilhabegesetz integriert (siehe Kap. 8.1).

Trotz dieser oben beschriebenen »Nichtexistenz« der Interdisziplinären Frühförderung hat sich im Arbeitsbereich selbst bei der Umsetzung der BRK eine lebhafte Diskussion entfaltet, die vorwärtsweisend ist

1 Verortung von Inklusion für die Interdisziplinäre Frühförderung

Inklusion wird für die Interdisziplinäre Frühförderung als Anlass für Veränderungen von bisherigen Arbeitskonzepten und Arbeitsbedingungen angesehen. Es geht dabei um die Frage, wie die beiden unterschiedlichen Systeme Frühförderung und Frühpädagogik zusammengeführt werden können.

In den allgemeinen Diskussionen um Inklusion im frühen Kindesalter scheinen weniger die Kinder selbst, ihre Familien und ihre Lebenssituationen, sondern die Institutionen, die Arbeitskonzepte und Arbeitsbedingungen im Vordergrund zu stehen. Wie werden sich diese durch Vorgaben der Konvention verändern? Dazu heißt es, »alle geeigneten Maßnahmen einschließlich gesetzgeberischer Maßnahmen zur Änderung oder Aufhebung bestehender Gesetze, Verordnungen, Gepflogenheiten und Praktiken zu treffen, die eine Diskriminierung von Menschen mit Behinderungen darstellen« (Allgemeine Verpflichtungen a. und b.). In der Interdisziplinären Frühförderung beschäftigt sich die Diskussion aus gutem Grund stärker mit der Sorge um den Erhalt der erreichten Qualitätsstandards u. a. der Interdisziplinarität und der Familienorientierung (vgl. Speck, 2012, 46-49).

Es ist unstrittig, dass die fachlichen Kompetenzen der Interdisziplinären Frühförderung weiter zur Verfügung stehen müssen, sowohl für Kinder als auch für die Bedürfnisse ihrer Familien. Bisher sind die Interdisziplinären Frühförderstellen und die Sozialpädiatrischen Zentren sowie einige andere spezialisierte Institutionen die »Kompetenzzentren«. Wie werden sie diese Kompetenzen in Zukunft einbringen können?

Der Bereich der frühen Förderung allgemein, der frühen Therapie und Familienbegleitung ist in Bewegung. Einerseits wird das Recht auf einen Krippenplatz für Kinder ab dem Alter von 1 Jahr intensiver in Anspruch genommen und damit werden etliche Kinder mit einem Förder- oder Therapiebedarf früher erkannt. Andererseits kommen Kinder, die in der Interdisziplinären Frühförderung begleitet wurden und werden, jetzt zunehmend in jüngerem Alter in Krippen oder Kindergärten. Daraus ergeben sich zwangsläufig Überschneidungen von bisher eher getrennten Arbeitsfeldern. Die Inklusive Frühpädagogik gilt als »Ermöglichungsraum für alle Kinder« (Klein, Ferdinand 2016, 109), aber in Krippen oder Kindergärten ist dann meistens die Expertise für die Weiterführung der Frühförderung im Kita-Alltag, insbesondere deren Interdisziplinarität nicht vorhanden. Es muss offenbar ein Bewusstsein dafür entwickelt werden, dass Interdisziplinäre Frühförderung nicht ein nachrangiges System für 4 bis 6 % junger Kinder in »Notfällen« ist. Erst die selbstverständliche konzeptionelle und/oder interdisziplinäre Zusammenarbeit von Kitas und Interdisziplinärer Frühförderung öffnet diesen »Ermöglichungsraum« für Inklusion.

Der Wandel, der sich unter der »Philosophie« der Inklusion einerseits und der Zunahme außerhäuslicher Betreuung andererseits für die Interdisziplinäre Frühförderung vollzieht, ist Anlass zu einer Standortbeschreibung dieses Arbeitsbereichs und der damit verbundenen Herausforderungen. Dabei werden in diesem Teil des Buches Entwicklungsbedürfnisse der Kinder und die Situation der Eltern bzw. der Familien als zentrale Aufgabe der Interdisziplinären Frühförderung immer im Mittelpunkt stehen. *Inklusion ist ein Rechtsanspruch*, mit dem sich alle professionell wie administrativ Beteiligten mit der »konzeptionellen Öffnung der Interdisziplinären Frühförderung« auseinandersetzen müssen. Dieser Beitrag wird durch das Dickicht »üblicher« exkludierender Termini und Formulierungen hindurch auch nach inkludierenden Sprachregelungen suchen.

Inklusion ist kein »Endzustand«. Inklusion und Exklusion stehen sich in einem dynamischen Wechselverhältnis gegenüber und bilden damit eine stetige Hersausforderung. Oft werden exkludierende Hindernisse beklagt, ohne die Möglichkeiten ihrer Überwindung in Erwägung zu ziehen. Die folgende Auseinandersetzung mit dem Thema geht von einem positiven Standpunkt aus: es geht um die *Gelingensbedingungen*.

2 Konzeptionelle Vorläufer von Inklusion

Der entscheidende Boden, oder bildlich gesprochen, der »Sockel«, auf dem Inklusion aufbaut, ist die »Menschenrechtscharta« der UN von 1948 mit dem Begriff der »Menschenwürde« (Artikel 1), der für alle Menschen dieser Erde Gültigkeit hat:

»Alle Menschen sind frei und gleich an Würde und Rechten geboren« (Article 1: »All human beings are born free and equal in dignity and rights«, Resolution 217 A (III) der Generalversammlung vom 10. Dezember 1948). Diese Resolution ist die Grundlage für das deutsche Grundgesetz (1949) ebenso wie für die Charta der Grundrechte der Europäischen Union (2000).

Unter den Vorläufern der Behindertenrechtskonvention hat die sog. Salamanca Erklärung 1994 als erste die »Philosophie der Inklusion« als politische Forderung formuliert bei gleichzeitiger Präzisierung des Rechts auf Anerkennung besonderer Bedürfnisse – »special needs«. Hier ein Ausschnitt aus Punkt 3:

> »Wir fordern alle Regierungen auf und legen ihnen nahe: höchstes Augenmerk und Priorität auf die Verbesserung ihrer Schulsysteme dahingehend zu richten, dass diese alle Kinder unabhängig von ihren individuellen Schwierigkeiten einbeziehen können, auf Gesetzes- bzw. politischer Ebene das Prinzip *integrativer* Pädagogik anzuerkennen« (UNESCO 2, Hervorhebung J.K.).

In der deutschen Übersetzung fällt auf, dass »*inklusive*« (im Original) fragwürdig übersetzt wird, als »einbeziehen« oder »integrativ«.

Zu einem späteren Zeitpunkt (2005) hat die UNESCO in ihren Leitlinien auf die *globale Bedeutung* der Inklusion in gesamtgesellschaftlichen Zusammenhängen hingewiesen: » ...the most effective means of combating discriminatory attitudes, building an inclusive society and achieving education for all« (UNESCO 3, Guidelines, 9).

3 Verständnis von Inklusion

In umfassendem Sinn bedeutet *Inklusion* in der Vielfalt einer Gesellschaft für *alle Menschen* die Überwindung von unterschiedlichsten Benachteiligungen z.B. durch körperliche Einschränkungen, sozioökonomisch und psychosozial problembelastete Lebensbedingungen mit dem Ziel der Förderung der Kohäsion. »Die UN-Behindertenrechtskonvention liefert ihrerseits keine ethische Begründung der Inklusion, sondern setzt eine solche voraus« (Dederich, 2016, 82). Die ethische Grundlage ist der o. g. Artikel 1 der Charta der Vereinten Nationen, d. h. die Anerkennung der Würde und des Wertes, die allen Mitgliedern der menschlichen Gesellschaft innewohnen. »Aus der UN-BRK ist kein Kulturkampf um diese oder jene Werte abzuleiten, sondern eine anhaltende politische Auseinandersetzung um unveräußerliche soziale Teilhaberechte und diskriminierungsfreie Repräsentation« (Dannenbeck und Dorrance, 2017, 43).

Aus politischer Perspektive werden von der UN-BRK allgemeine Forderungen an die gesellschaftliche Weiterentwicklung gestellt, die sich konkret auf die Personengruppe mit Behinderung beziehen: Zu diesem Zweck verpflichten sich die Vertragsstaaten (Allgemeine Verpflichtungen):

a) »alle geeigneten Gesetzgebungs-, Verwaltungs- und sonstigen Maßnahmen zur Umsetzung der in diesem Übereinkommen anerkannten Rechte zu treffen;
b) alle geeigneten Maßnahmen einschließlich gesetzgeberischer Maßnahmen zur Änderung oder Aufhebung bestehender Gesetze, Verordnungen, Gepflogenheiten und Praktiken zu treffen, die eine Diskriminierung von Menschen mit Behinderungen darstellen.«

Es geht bei der Ermöglichung von Inklusion darum, die gesetzlichen und institutionellen Rahmenbedingungen, also den Boden zu schaffen, auf dem Inklusion »gedeihen« kann.

Individuell bedeutet Inklusion, dass alle Menschen die gleichen Rechte auf Selbstbestimmung und Anerkennung ihrer Würde als Person haben, wo immer sie leben. Kollektiv bedeutet Inklusion, dass alle öffentlichen Institutionen der Umsetzung der Konvention verpflichtet sind.

»Inklusion beinhaltet im Unterschied zu Integration ein erweitertes Verständnis von selbstbestimmter sozialer Teilhabe, in dem von vornherein auf Situationen und Institutionen der Aussonderung verzichtet wird, die Unterschiedlichkeit der Mitglieder eines Gemeinwesens (Heterogenität) als Bereicherung für alle betrachtet wird und alle die gleiche Möglichkeit haben, an diesem Gemeinwesen zu partizipieren und zu diesem Gemeinwesen beizutragen« (Heimlich, 2015, 29).

»Integration«, bei der sich Regeleinrichtungen partiell öffnen, und »Inklusion« bei der Regeleinrichtungen prinzipiell für alle offen sind, werden oft gleichgesetzt. Das ist unzulässig, da mit Inklusion ein konzeptioneller und kultureller Systemwechsel gegenüber Integration einhergeht.

4 Inklusion im gesellschaftlichen Diskurs

Die UN-BRK ebenso wie die Kinderrechtskonvention (1989 – in Deutschland 1992 ratifiziert) trafen in Deutschland auf einen gesellschaftlichen Boden, auf dem »exkludierend« nicht allen Menschen die in Artikel 1 der Menschenrechtscharta genannten universellen Rechte zustanden.

Erstmals 1994 finden im Artikel 3 Abs. 3 GG die Rechte von Menschen mit Behinderungen zeitgleich mit anderen Personengruppen Berücksichtigung: »Niemand darf wegen seiner Behinderung benachteiligt werden«, d.h. 19 Jahre nach der ersten UN-Konvention der »Erklärung der Rechte der behinderten Menschen« von 1975 (und ebenso 45 Jahre nach Inkrafttreten des Grundgesetzes). Zu bemerken ist dazu, dass kein »positives Recht« definiert wird, sondern nur der Schutz vor Diskriminierung und Benachteiligung und dass diesem Artikel 3 Abs. 2 GG außerdem folgender Satz angefügt wurde – bzw. offenbar *angefügt werden musste*: »Der Staat fördert die tatsächliche Durchsetzung der Gleichberechtigung von Frauen und Männern und wirkt auf die Beseitigung bestehender Nachteile hin.« Dieser schlichte Satz macht deutlich, wie kompliziert Inklusion schon in Bezug auf Frauen und Männer in unserer deutschen Gesellschaft war und ist.

Inklusion beinhaltet dementsprechend die Herausforderung, diese exkludierenden, häufig verschleierten Ressentiments zu erkennen und ihnen entgegenzuwirken. Zudem befindet sich inklusives Handeln bezogen auf Kinder mit Behinderungen gesellschaftlich in einem ethischen Widerspruch. Die umfassende Förderung von Kindern mit besonderen Entwicklungsbedürfnissen von Anfang des Lebens an gilt als soziokulturelle Selbstverständlichkeit, wie immer sie umgesetzt werden mag. Demgegenüber steht die zunehmend gesellschaftlich akzeptierte Exklusion durch einen legalen Schwangerschaftsabbruch nach Pränataldiagnostik (§ 218a, Abs. 2 StGB). Diese gesellschaftliche Wirklichkeit verweist auf die begriffliche Mehrdeutigkeit der Begriffe Exklusion und Inklusion und damit verbundene grundlegende Widersprüche.

»Kinderrechte« sind unabhängig von Elternrechten trotz diverser, jahrzehntelanger gemeinsamer Initiativen, besonders von der Deutschen UNICEF, zusammen mit dem Kinderhilfswerk und dem Deutschen Kinderschutzbund, bis heute nicht im Grundgesetz verankert (UNICEF et al, 2009. 1). In der Konsequenz werden Kinderrechte im Sinne eines inklusiven Verständnisses eingefordert: »Schließlich entspricht eine starke Subjektstellung von Kindern einem veränderten gesellschaftlichen Verständnis. Dieses sollte sich auch im Grundgesetz niederschlagen, das in den letzten Jahrzehnten unzählige Male an aktuelle Bedingungen angepasst wurde [...]« (ebd. 1). Wie strittig diese »Subjektstellung« auch aktuell noch ist, machte die Bundestagsdebatte am 14. November 2019 deutlich, in denen der Vorrang des Elternrechts als Gegenargument höher gewichtet wird, als ob es nur darum ginge. Das Recht auf Inklusion spielte dabei keine Rolle.

Es ist offensichtlich, dass es vielfältige Anlässe gab, die UN-BRK zu entwickeln. In der Präambel werden die Anlässe präzisiert:

> »k) besorgt darüber, dass sich Menschen mit Behinderungen trotz dieser verschiedenen Dokumente und Verpflichtungen in allen Teilen der Welt nach wie vor Hindernissen für ihre Teilhabe als gleichberechtigte Mitglieder der Gesellschaft sowie Verletzungen ihrer Menschenrechte gegenübersehen,

p) besorgt über die schwierigen Bedingungen, denen sich Menschen mit Behinderungen gegenübersehen, die mehrfachen oder verschärften Formen der Diskriminierung aufgrund der Rasse, der Hautfarbe, des Geschlechts, der Sprache, der Religion, der politischen oder sonstigen Anschauung, der nationalen, ethnischen, indigenen oder sozialen Herkunft, des Vermögens, der Geburt, des Alters oder des sonstigen Status ausgesetzt sind.«

Daraus ergibt sich die Frage nach Kriterien, wie Inklusion umgesetzt werden kann, damit sie nicht nur eine Worthülse ist. In welcher Beziehung aber stehen die Begriffe Teilhabe, Partizipation und Inklusion zueinander?

5 Beziehung zwischen Partizipation und Inklusion

Im Arbeitsfeld der Frühförderung und Frühpädagogik wird der Begriff »Teilhabe« weitestgehend mit »Partizipation« gleichgesetzt. Teilhabe ist der gültige Begriff, der in der deutschen Gesetzgebung verwendet wird (z. B. § 2 [1] SGB IX: Teilhabe an der Gesellschaft, sowie im Bundesteilhabegesetz vom Dezember 2016). Es wird darunter die Teilhabe an allen Bereichen gesellschaftlichen Lebens verstanden. Auch in der »Einführung in die ICF« (Schuntermann, 2007) werden beide Begriffe synonym verwendet. Im Rahmen der zunehmenden Anwendung der ICF in der Interdisziplinären Frühförderung wird der Begriff Partizipation gegenüber früher häufiger verwendet.

In diesem Zusammenhang ist ein Blick auf die ICF notwendig (siehe dazu ausführlich: Simon, Kap. 9: ICF als gemeinsame Sprache). Im Gegensatz zu konventionellen diagnostischen Klassifikationen von »Behinderung« eröffnet die ICF mit der Einbeziehung unterschiedlicher Komponenten einen dynamischen Zugang zur Lebenssituation einer Person. Sie stellt »eine Klassifikation der

Funktionsfähigkeit von Menschen, ihrer Gesundheit im Kontext mit ihrer individuellen Lebenssituation und den Einflüssen der Umwelt« dar (Simon und Seidel, 2016, 141). Die Zielplanung von Förderung und Therapie richtet sich entsprechend nicht allein an funktionellen Kriterien aus, sondern an der Ermöglichung von Aktivität und Partizipation im Lebensumfeld.

Aktivität – allgemein – ist eine fundamentale Eigenschaft von Leben. Aktivität ist eine nach außen gerichtete Kontaktaufnahme mit der Umwelt und damit Ausdruck, sich einzubeziehen, partizipieren zu wollen. Dennoch bedarf der Umgang mit diesen Begriffen einer tiefergehenden Betrachtung. Nach der ICF ist Partizipation (Teilhabe) »das Einbezogensein in eine Lebenssituation« (ICF, 16), genauer: in alle Lebensbereiche dieser Lebenssituation. Man kann das jedoch von zwei Seiten betrachten. Mit der »Teilhabe« wäre eher mit dem Wortteil »haben« der *passive Teil* (wie z. B. besitzen) das Dabei-Sein charakterisiert, ein Kind ist einbezogen, kann beobachtend beteiligt sein. Wie sieht es aber mit dem *aktiven Anteil* des Teilnehmens, des Sich-selbst-Einbeziehens aus (wie z. B. »ergreifen« – »capere« [lat.], Wortteil von Partizipation)? Das ist insoweit eine grundlegende Überlegung, als das ausschließliche »Dabeisein« solange nicht ausreicht, d. h. die betreffende Person – hier ein Kind in der Interdisziplinären Frühförderung – ausschließlich als Rezipient und nicht als Akteur verstanden wird. Andererseits ist das Dabeisein die Voraussetzung, dass ein Kind die Motivation entwickelt, eine Situation *aufzugreifen* und *aktiver Teilnehmer* zu werden. Deswegen hat der Begriff Aktivität in der ICF eine so hohe Bedeutung. Nur so kann das Kind seine Selbstwirksamkeit in einer Gemeinschaft (Dyade, Familie, Gruppe, Krippe, Kindergarten etc.) erleben und ein Selbstgefühl sowie ein Zugehörigkeitsgefühl entwickeln.

Die äußeren personellen und materiellen Bedingungen (Kontext als Mitwelt und Umwelt) und die kindlichen Kompetenzen (Funktionen, Strukturen, personelle Faktoren im Sinne der ICF) müssen einander für gelingende Partizipationsprozesse entsprechen, sie müssen gesucht und gebahnt werden. Partizipation findet dort statt oder sollte dort gegebenenfalls organisiert werden, wo das Kind alltäglich lebt. Partizipation ist grundlegend abhängig von den (Umwelt-)Bedingungen, sie kann nur situativ festgestellt werden. Es sind dementsprechend immer andere Menschen daran beteiligt. Bei Fachleuten ist hierzu ein hohes Maß an Sensibilität und Empathie gefragt, sowohl gegenüber dem Kind als auch gegenüber seinen Bezugspersonen.

> »Partizipation heißt mehr als Anwesenheit in unterschiedlichen Situationen – es bedeutet aktiv beteiligt zu sein. Damit Partizipation bedeutungsvoll wird, müssen die Rolle und der Beitrag der betreffenden Person von allen an der Aktivität Beteiligten wertgeschätzt werden« (Early Childhood Intervention Australia, 2016, 11, Übers. J.K.).

Gelingt Partizipation in umfassendem Sinn befriedigend in einem Lebensumfeld, wäre das ein Ausdruck der Inklusion eines Kindes. Es geht bei den späteren Einzelfragen ganz wesentlich darum, partizipative Strukturen herauszuarbeiten, die den Boden für weiteres inklusives Handeln bilden können. »Es gibt (noch) keine Kriterien, um Partizipationsbedürfnisse zu klären, es fehlen die Methoden und Instrumente« (Simon und Gebhard, 2019, 173). Damit bestünde die Möglichkeit, konkretere »Perspektiven auf Partizipation und Inklusion, auf Autonomie und soziale Eingebundenheit zu entwickeln« (Hollenweger, 2016, 676) und zu realisieren.

Die Anbahnung von Interaktionsprozessen ist für Gruppen von Kleinkindern mit besonderen Herausforderungen verbunden, weil die Partizipationskompetenzen der einzelnen Kinder, aufeinander abgestimmt, Berücksichtigung finden müssen.

> »Die verschiedenen Untersuchungen zu kindlichen Interaktionen in heterogenen Gruppen führen übereinstimmend zu der Konsequenz, dass die Gleichaltrigenbeziehungen auf keinen Fall der Eigendynamik in der Kindergruppe allein überlassen werden dürfen, sondern für ein Gelingen kompetentes Handeln der Erwachsenen erfordern« (Prengel, 2010, 32).

Dementsprechend bedarf der Weg vom Dabeisein (Teilhabe) zum aktiven Teilnehmen im Sinne des Einbezogenseins (Involvement) als inklusiver Prozess der professionellen Unterstützung, damit er gelingt.

Die ICF unterscheidet 9 Lebensbereiche (Domänen, ICF, 107). Das sind Bereiche menschlicher Tätigkeiten, Handlungen und Aufgaben (Aktivitätskonzept) und/oder menschlicher Daseinsentfaltung (Teilhabekonzept).

> »Dabei sind die Domänen 6 und 8 (»Häusliches Leben« und »Bedeutende Lebensbereiche wie Erziehung und Bildung […]«) nicht als Einzeldomänen zu betrachten, sondern als Lebens- und Teilhabebereiche, die vor allem die Welt der Kinder in der Frühförderung ausmachen und in die sich die anderen Domänen einbeziehen lassen« (Weiß, 2019, S. 200).

Gegenwärtig wird Inklusion bzw. deren Verwirklichung fast ausschließlich im Zusammenhang mit (Bildungs-) Einrichtungen diskutiert. Interdisziplinäre Frühförderstellen und Sozialpädiatrische Zentren gelten zumindest primär nicht als Bildungseinrichtungen. Aber nicht nur in besonderen Institutionen, sondern auch in der Familie oder familien-ähnlichen Lebensformen, verstanden als kleinste Zelle einer Gesellschaft, werden grundlegend Bildung und Werte vermittelt. Wenn inklusive Bedingungen sich darauf beziehen sollen, sind dazu *Rahmenbedingungen* für die Partizipation *aller* Mitglieder erforderlich, die gleichberechtigtes gemeinsames Handeln (shared activity) möglich machen. Die Spannung zwischen inkludierenden Bedingungen und exkludierenden Gefahren ist allgegenwärtig und bedarf der permanenten Aufmerksamkeit. Insoweit gehört ein vertieftes Wissen um die *Bedingungen* von Inklusion, ebenso wie ihre Beziehung zu Inhalten von Bildung und Werten, zur Professionalität all derjenigen Personen, die mit kleinen Kindern Inklusion erreichen wollen. Das gilt unabhängig von einem bestimmten Einrichtungstyp und betrifft alle Lebenssituationen vom Baby bis zum Schulalter und alle Lebensumstände.

6 Konsequenzen der Umsetzung von Inklusion für Kinder mit Beeinträchtigung ihrer Entwicklung

Es ist deutlich geworden, dass grundlegende Menschenrechte nach der UN-Charta von 1948 nicht selbstverständlich auf Kinder und auf Menschen mit Behinderungen angewendet wurden (siehe Kap. 3). Es bedurfte deswegen bis heute mehrerer weiterer Konventionen, um der Durchsetzung der Menschenwürde und -rechte auch für Kinder generell und damit für Kinder mit Entwicklungsbeeinträchtigungen den Weg zu ebnen. Zugleich ist die Feststellung von Bedeutung, dass das Verständnis von »Behinderung« nicht festgeschrieben ist, sondern sich im Wandel sozialer und kultureller Bedingungen verändert, wie in der der Behindertenrechtskonvention präzisiert wird: Präambel »e) in der Erkenntnis, dass das Verständnis von Behinderung sich ständig weiterentwickelt und dass Behinderung aus der Wechselwirkung zwischen Menschen mit Beeinträchtigungen und einstellungs- und umweltbedingten Barrieren entsteht, die sie an der vollen, wirksamen und gleichberechtigten Teilhabe an der Gesellschaft hindern.«

Der für den Bereich der Schulen entwickelte »Index für Inklusion« beschreibt kritische Barrieren im Spannungsverhältnis zwischen Exklusion und Inklusion, die durchaus auch auf andere Lebensbereiche übertragen werden können, davon insbesondere die drei letzten Aspekte:

- »Was kann dabei helfen, Barrieren für Lernen und Teilhabe zu überwinden?
- Welche Ressourcen sind nutzbar, um Lernen und Teilhabe zu unterstützen?
- Wie können zusätzliche Ressourcen mobilisiert werden, um beides zu unterstützen?« (Booth und Ainscow, 2003, 13)

Barrieren sind bei der Umsetzung von Inklusion oft von entscheidender Bedeutung. Barrieren können reale Lebensbedingungen (z. B. Armut, Flucht etc.) sein, ebenso wie vermeintliche Hindernisse durch besondere Verhaltensweisen der Familie. Die mögliche Begrenzung von Inklusion durch Barrieren ist eine Herausforderung, kreativ auch nach unkonventionellen Lösungen zu suchen und Inklusion nicht formal als gescheitert zu betrachten. Es geht darum, wie oben erwähnt, die *Gelingensbedingungen* zu erkunden. Dabei gilt: »Das Paradigma der Eigenschaften ist zweitrangig. Vorrangig ist das Paradigma der Begegnung, der Beziehung« (Stinkes, 2019, 37).

Auch wenn sich konzeptionelle Veränderungen nur langsam durchsetzen, ist ein auf das Defizit eines Menschen gerichtete Blick auf Dauer nicht aufrecht zu erhalten, weil Ressourcen für partizipatives Handeln eher nicht wahrgenommen werden und unbeachtet bleiben. In einer Stellungnahme des Instituts für Menschenrechte heißt es zum Innovationspotenzial der Behindertenrechtskonvention:

> »Strukturen gesellschaftlicher Ausgrenzung manifestieren und reproduzieren sich typischerweise schon in der Sprache – etwa, wenn Kinder mit Behinderungen gelegentlich immer noch (wohlmeinend!) als ›Sorgenkinder‹ bezeichnet werden. Die Behindertenrechtskonvention markiert einen grundlegenden Wechsel, indem sie den traditionellen, primär an Defiziten der Betroffenen orientierten Ansatz durch einen ›diversity-Ansatz‹ ersetzt, ohne den Problemdruck, unter dem Menschen mit Behinderungen leiden, in irgendeiner Weise zu leugnen oder herunterzuspielen« (Bielefeld, 2009).

Das Bundesteilhabegesetz von 2016 weist in seiner Formulierung *erstmals* über den Defizitblick hinaus:

> »Menschen mit Behinderungen sind Menschen, die körperliche, seelische, geistige oder Sinnesbeeinträchtigungen haben, die sie in Wechselwirkung mit einstellungs- und umweltbedingten Barrieren an der gleichberechtigten Teilhabe an der Gesellschaft mit hoher Wahrscheinlichkeit länger als sechs Monate hindern können« (Teil 1, § 2 [1]).

Erstmals werden auf gesetzlicher Ebene *die Wechselwirkungen mit einstellungs- und umweltbedingten Barrieren* (s. o.) konkret in ihrer

Bedeutung benannt. Dieser kritische sozialwissenschaftliche Blick auf Behinderung hat für eine inklusions- und partizipationsorientierte Frühförderung eine große Bedeutung.

7 Frühförderung vor der konzeptionellen Einbeziehung der Inklusion

Die Begriffe »Frühförderung« oder »frühe Förderung« werden vielfältig und oft unpräzise in unterschiedlichsten Arbeitsbereichen von Kindern bis hin zu jungen Erwachsenen verwendet. Das erfordert zunächst eine Standortbestimmung: *Frühförderung, interdisziplinär organisiert*, ist verantwortlich für die koordinierte Förderung, Therapie und soziale Unterstützung von Kindern mit Entwicklungsbeeinträchtigungen und ihren Familien in ihrem Lebensumfeld (von der Geburt bis zur Einschulung, gelegentlich auch schon pränatal).

Man kann das Spektrum der Kinder, die in der Interdisziplinären Frühförderung zusammen mit ihren Eltern begleitet und unterstützt werden – aus der Defizitsicht –, grob umreißen. Es handelt sich um Kinder, die durch begrenzte Sprach-, Kommunikations- und Spielfertigkeiten, durch begrenzte Bewegungsmöglichkeiten, durch aggressives Verhalten auffallen, oder solche, die sich Interaktionen verschließen und Kontakte besonders in Gruppen meiden (vgl. Kreuzer und Klaverkamp 2012, S. 334). Auch manche Kinder mit chronischen Erkrankungen werden von der Frühförderung begleitet. Zudem stellen auffällig gewordene, sehr junge Kinder alltäglich neben der pädagogischen Begleitung in Bezug auf ihre Ernährung eine pflegerische Herausforderung dar. Der Übergang zu etwas älteren Kindern ohne eindeutige Diagnose im Sinne der ICD 10 ist fließend und wird unterschiedlich bewertet (sog. »neue Morbidität«, siehe Kap. 11).

Teil II: Inklusion – Konzeptionelle Öffnung

Wenn man davon ausgeht, dass eine flächendeckende systematische (Früh-)Förderung von Säuglingen und kleinen Kindern, die als behindert oder von Behinderung bedroht kategorisiert wurden, erst vor ca. 60 Jahren begann, ist es offensichtlich, dass es sich um ein relativ junges Arbeitsfeld handelt. Weiterentwicklungen medizinisch-therapeutischer, pädagogischer, psychologischer und psychosozialer Vorgehensweisen und Unterstützungssysteme trugen ihren Anteil zur Ausdifferenzierung bei. »Früher« und gelegentlich noch heute wurden so genannte schwer behinderte Kinder in Heimen untergebracht und ausgesondert. Dort wurden sie zwar betreut, aber isoliert und oftmals nicht in ihrem Entwicklungspotenzial angemessen gefördert. Die Deprivationsforschung des 20. Jahrhunderts hat wesentlich dazu beigetragen, das Augenmerk auf die hohe Bedeutung der interpersonellen Beziehungen, deutlicher noch auf die *Qualität der Bindungssituation* für die Entwicklung aller Kinder zu richten. Diese Sichtweise hat damit eine wesentliche Grundlage für die frühest mögliche Förderung gelegt.

Im Bereich der Medizin hat man in den 60er Jahren des letzten Jahrhunderts im Sinne der Prävention und der Frühintervention Konzepte zur Behandlung von Kindern, überwiegend solchen mit zerebralen Bewegungsstörungen, anderen organischen und zum Teil genetischen Beeinträchtigungen, ehemals früh geborenen Kindern und sogenannten »Risikokindern« entwickelt. Im Bereich der Heilpädagogik wandte man sich etwa zeitgleich der Förderung immer jüngerer Kinder mit einer Gefährdung ihrer Entwicklung zu. Die Bundesvereinigung Lebenshilfe e. V. setzte 1975 mit einem interdisziplinär organisierten Kongress zum Thema »Frühe Hilfen – Wirksamste Hilfen« einen wesentlichen Impuls zur Gründung weiterer Frühförderstellen.

Von Anfang an bestand in diesen Arbeitsgebieten ein Spannungsfeld zwischen vorwiegend medizinisch und vorwiegend pädagogisch orientierten Vorgehensweisen. Umfangreiche Erfahrungen und wissenschaftliche Erkenntnisse haben zu vielfältigen Wandlungen der Arbeitskonzepte in beiden Bereichen geführt. Damit hat sich eine systemisch orientierte Arbeitsweise durchgesetzt, die vielfältige wechselseitige Abhängigkeiten und Beeinflussungen berücksichtigt. Die Notwendigkeit eines interdisziplinären Zugangs ist unumstritten, die Umsetzung jedoch sehr unterschiedlich organisiert.

Diese Erfahrungen und Entwicklungen führten über die Jahre letztlich zu einer Veränderung der Sichtweisen und damit der Frühförderarbeit insgesamt – sowohl bezogen auf das Kind selbst als auch seine Mitwelt. Sie wurden von Schlack *schon 1989* prägnant als Paradigmawechsel (hier verkürzt) zusammengefasst:

- »Eine Behinderung ist ein Zustand, welcher einer Veränderung zum Normalen in mancher Hinsicht Grenzen setzt.
- Das Ziel kann deshalb nicht der Versuch sein, die Normalentwicklung mehr oder weniger unvollständig nachzuvollziehen, sondern die Bemühung, die Kompetenz des Kindes zu fördern [...].
- Das subjektive Erleben und Befinden des Kindes ist eine wichtige Leithilfe für die Gestaltung der Frühförderung [...]; d. h. es ist wichtig die Signale, die das Kind darüber mitteilt, ernst zu nehmen und zu verstehen. Mißerfolge durch Überforderung, Unlust oder Abwehr können dadurch vermieden werden.
- Elternrolle und Therapeutenrolle sind tunlichst auseinander zu halten [...].
- Eine systemische Betrachtungsweise mit Berücksichtigung vieler wechselseitiger Abhängigkeiten und Beeinflussungen wird als richtig und notwendig angesehen [...]« (Schlack, 11989a, 17).

Eine solche Erweiterung des »Erkenntnisgewinns« jenseits der medizinischen (Defizit-) Diagnose verweist auf die entscheidende Frage, wie man sich einer systemisch orientierten Arbeitsweise annähern kann. In diesem Zusammenhang kann kindliche Entwicklung individuell als *Möglichkeitsraum* definiert werden, ein Raum, der unter den Bedingungen einer Gefährdung der Entwicklung mit professionellen Mitteln ausgelotet werden muss, um ihn erschließen zu können.

Dieser systemische Ansatz der Frühförderung hat im Laufe der Weiterentwicklung zusätzlich die Rolle der Eltern stärker in den Vordergrund gerückt, was Sohns (Sohns, 2010, 11) kurz zusammenfasst: »Die Frühförderung ist ein System, das die Unterstützung der Entwicklung der Kinder mit den Bedürfnissen der Eltern nach Hilfe und Begleitung zusammenführt.« Guralnick schlägt (auf der Grundlage eigener Untersuchungen sowie der von Dunst, Mahoney u. a.) im Sinne einer systemischen Perspektive der Frühförderung eine dreistufige Herangehensweise vor, die für alle Kinder Gültigkeit hat.

»Auf der ersten Ebene handelt es sich um an das Kind gebundene *Entwicklungsfaktoren*, um Ressourcen und mentale wie emotionale Organisationsprozesse. Auf der zweiten Ebene geht es um *Interaktionsmuster* zwischen den Familienmitgliedern und dem Kind. Die dritte Ebene bezieht sich auf *Ressourcen der Familie*, die den meisten Eltern ermöglichen, sich auf die große Breite möglicher kindlicher Charakteristika, Entwicklungsstufen und alltägliche Herausforderungen im Familienleben einzustellen« (Guralnick, 2011, 15, übers. J.K.).

Für die Arbeit in der Frühförderung bedeutet das konkret, »die bisherigen Ansätze dahingehend zu reflektieren, auf welche Weise(n) eine beziehungsfördernde Begleitung und Beratung der Eltern am besten zu ermöglichen ist« (Eva Klein, 2013, 91).

8 Inklusion: Allgemeine Herausforderungen für die Interdisziplinäre Frühförderung

Für das Leben und die Entwicklung kleiner Kinder mit manifesten und drohenden Behinderungen beinhaltet die Behindertenrechtskonvention unter anderem zwei grundlegende Forderungen.

Erstens sollen »Kinder mit Behinderungen gleichberechtigt mit anderen Kindern alle Menschenrechte und Grundfreiheiten in vollem Umfang genießen« (BRK, Präambel r).

Daraus ergibt sich zweitens die »Förderung einer respektvollen Einstellung gegenüber den Rechten von Menschen mit Behinderungen auf allen Ebenen des Bildungssystems, namentlich bei allen Kindern von früher Kindheit an« (BRK, Art. 8, 2.b).

Bei einer ethischen Reflexion über inklusives Handeln in der Interdisziplinären Frühförderung ergeben sich zwei besonders wichtige Bereiche, in denen für jedes Kind im Einzelfall eine Neupositionierung der Frühförderarbeit wichtig wäre.

Zum einen ist mit der Diskussion um die Anwendung der ICF-CY für die Frühförderarbeit die Bedeutung der *Kontextfaktoren, der Aktivität und der Partizipation* in den Fokus der Konzeptualisierung für die Arbeit mit einem Kind und seiner Familie gerückt. Dabei geht es um die Frage, inwieweit die ICF als gemeinsame Sprache aller beteiligten Fachleute und wenn möglich der Eltern dienen kann (siehe dazu auch: Simon, Kap. 9: ICF als gemeinsame Sprache).

Diese Diskussion muss um die Frage des Zusammenhangs zwischen Partizipation und Inklusion erweitert werden (siehe Kap. 5). Entscheidend ist dabei nicht das Dabeisein des Kindes allein, sondern seine *aktive Teilnahme* im Alltagsleben der Familie und der Krippe/Kindergarten. Die Perspektive der Interdisziplinären Frühförderung muss sich von Anbeginn an auch auf den Übergang in eine Kindertageseinrichtung (und später die Schule) ausrichten, d. h. auf die Entwicklung der partizipativen Fähigkeiten eines Kindes hin zu einem aktiven Mitglied einer Peer-Gruppe in der Kita.

Im zweiten Bereich geht es um die Zusammenarbeit mit Krippen und Kindergärten. Der Rechtsanspruch auf einen Betreuungsplatz für alle Kinder ab dem vollendeten ersten Lebensjahr (Kinderförderungsgesetz – KiföG § 24 [2]) wird zunehmend auch von Eltern wahrgenommen, deren Babys und Kleinkinder in ihrer Entwicklung beeinträchtigt sind. Zunächst geht es für die Frühförderfachkräfte um die Frage nach den *inkludierenden Fähigkeiten* in der Familie, d. h. nach deren Offenheit und Aufmerksamkeit, die Bedürfnisse des Kindes zu erkennen und es in alltägliche Aktivitäten und familiäre Kommunikationen einzubeziehen (inkludieren, Genaueres dazu Kap. 10.1). Zunehmend wichtiger wird später die Frage nach diesen *inkludierenden Fähigkeiten und Bedingungen beim Personal in Krippen und Kindergärten und deren Umsetzung in die alltägliche Förderung* sowie deren rechtlicher Absicherung.

8.1 Rechtsanspruch auf Frühförderung unter dem Aspekt der Teilhabe

Die aktuelle Situation der Umsetzung Interdisziplinärer Frühförderung ist kompliziert. Einerseits gibt es ein etabliertes System auf gesetzlicher Grundlage von 2001 (SGB IX). Dessen Dysfunktionalität und die allgemeinen Herausforderungen durch die BRK haben zur Verabschiedung des *Bundesteilhabegesetzes BTHG* (2016) geführt, das klare Auswirkungen auf die Interdisziplinäre Frühförderung hat.

Für alle Kinder, die der Frühförderung bedürfen, sind seit 2001 nach dem Sozialgesetzbuch IX (SGB IX) zwei unterschiedliche administrative Bereiche – der Gesundheitsbereich und die Sozialverwaltung – verantwortlich. Grundgedanken wie *Partizipation* und *Selbstbestimmung* waren wichtige Leitlinien in den Verhandlungen der UN zur Neubestimmung der Lebenssituation von Menschen mit Behinderungen, Rechte, die für *alle* Menschen von der Geburt bis ins Alter Gültigkeit haben. Insoweit spielte die Philosophie der Inklusion schon für das SGB IX von 2001 eine Rolle. Es trägt der damaligen Entwicklung in der Interdisziplinären Frühförderung wie den Sozialpädiatrischen Zentren insoweit Rechnung, als eine interdisziplinäre Zusammenarbeit zunehmend selbstverständlicher geworden war. Gerade bei Kindern hatte sich eine Kategorisierung von »unterschiedlichen Behinderungen« wie bei Erwachsenen als obsolet erwiesen. Die *einzelnen sogenannten Entwicklungsbereiche* lassen sich umso weniger voneinander trennen, je jünger Kinder sind. Das Gesetz wurde 2003 durch Klarstellungen in der so genannten Frühförderungsverordnung (FrühV) ergänzt.

Sozialpädiatrische Zentren (SPZs) und Interdisziplinäre Frühförderstellen organisieren die Frühförderung interdisziplinär als sogenannte *Komplexleistung Früherkennung und Frühförderung*. Die Frühförderung verbindet deswegen die medizinisch-therapeutische, die pädagogische und die psychosoziale Unterstützung zu einer Leistung im Sinne eines interdisziplinär abgestimmten Systems. Es handelt sich deswegen nicht nur um die Addition zweier oder mehrerer, vorher getrennt gewährter Leistungen, sondern um *etwas*

Neues. Ob ein Kind der Frühförderung bedarf, ist eine Entscheidung von Fachleuten unterschiedlicher Disziplinen zusammen mit den Eltern. In der Frühförderungsverordnung (FrühV) von 2003 wird das präzisiert: die erforderlichen Leistungen werden »auf der Grundlage des Förder- und Behandlungsplanes zuständigkeitsübergreifend als ganzheitliche Komplexleistung erbracht« (§ 8 [1] siehe dazu auch: Simon, Kap. 3: Argumente für interdisziplinäre Zusammenarbeit).

Institutionell erfolgt der Zugang zu einem SPZ über eine ärztliche Überweisung. Das gilt auch in Bundesländern, in denen es keine Interdisziplinären Frühförderstellen gibt, sondern Netze kleinerer Sozialpädiatrischer Zentren, d. h. Berlin und Rheinland-Pfalz.

Für alle anderen Bundesländer lässt sich derzeit keine gemeinsame Aussage treffen. Es ergibt sich ein unübersichtliches, um nicht zu sagen unerfreuliches Bild, weil Frühförderstellen sowohl kommunal als auch überregional finanziert werden, weil in jedem Bundesland die Frühförderung nach SGB IX unterschiedlich geregelt ist und weil die Arbeitsbeziehungen zwischen Sozialhilfeträgern und Krankenkassen zum Teil noch heute unklar sind. Eine Zersplitterung in Einzelleistungen, wenn sie überhaupt gewährt werden, und das möglicherweise an unterschiedlichen Orten unterläuft damit die Voraussetzung für fachübergreifendes Arbeiten und damit jede Perspektive von Inklusion.

Diese Unklarheiten begründen sich darin, dass sich in Bezug zur Komplexleistung Früherkennung und Frühförderung zwei Sichtweisen gegenüberstehen. Ist es mehr ein formalistisches, d. h. juristisch administratives (ökonomisches) Gegeneinander oder ein inhaltliches, d. h. fachlich interdisziplinäres Miteinander? In den über weit mehr als ein Jahrzehnt geführten Auseinandersetzungen hat der übergeordnete Aspekt Inklusion kaum eine Rolle gespielt. Das ist umso bedauerlicher, als die Komplexleistung von ihrer inhaltlichen Intention, die Partizipation zu ermöglichen und zu fördern, genau in diese Richtung weist (z. B. § 8 [1] FrühV: »zuständigkeitsübergreifend« »ganzheitlich«).

Diese bisherige Uneinheitlichkeit in der sinnvollen Umsetzung der gültigen Gesetze (u. a. im Geiste der Inklusion) hat dazu geführt, dass im Koalitionsvertrag der Bundesregierung von 2013 Folgendes vorgesehen wurde: »Im Interesse von Kindern mit Behinderungen und ihren Eltern sollen die Schnittstellen in den Leistungssystemen so überwunden werden, dass Leistungen möglichst aus einer Hand erfolgen können« (Koalitionsvertrag 2013, S. 78).

Die aus der BRK sich ergebenden Anpassungen der geltenden Gesetze hat 2016 zur Verabschiedung des Bundesteilhabegesetzes (BTHG) geführt. Das SGB IX und die FrühV sind seit Dezember 2016 Teil des BHTG und dabei in einigen Aspekten verändert worden. Damit ist die Bundesregierung ihrer Verpflichtung nachgekommen, die Teilhabemöglichkeiten von Personen mit Behinderungen zu stärken und Schritte einzuleiten, die BRK umzusetzen.

Der Zugang zur Komplexleistung erfolgt jetzt über den Teil 1 SGB IX (BHTG). Das Gesetz sieht Hilfen für Menschen vor, deren Teilhabe durch eine »Behinderung *wesentlich* eingeschränkt« oder durch eine »*wesentliche* Behinderung« bedroht ist. Die bisherige enge Definition von Behinderung über Diagnosen wurde deutlich erweitert:

> »Menschen mit Behinderungen sind Menschen, die körperliche, seelische, geistige oder Sinnesbeeinträchtigungen haben, die sie in Wechselwirkung mit einstellungs- und umweltbedingten Barrieren an der gleichberechtigten Teilhabe an der Gesellschaft mit hoher Wahrscheinlichkeit länger als sechs Monate hindern können. Eine Beeinträchtigung nach Satz 1 liegt vor, wenn der Körper- und Gesundheitszustand von dem für das Lebensalter typischen Zustand abweicht. Menschen sind von Behinderung bedroht, wenn eine Beeinträchtigung nach Satz 1 zu erwarten ist« (§ 2 Abs. 1 SGB IX).

Diese Zuordnung ist ein unumgänglicher Akt, der notwendig zur Gewährung der unterstützenden Mittel für die Interdisziplinäre Frühförderung ist.

Diese erste multimodale Definition von Behinderung in einem Gesetz ist die Hinführung zur ICF, an der in Zukunft die Leistungsberechtigung orientiert sein wird (§ 99 Art. 25a BTHG).

»Um eine angemessene Koordination, Kooperation und Konvergenz herzustellen, sollen die Rehabilitationsträger auf gemeinsame Ziele und Instrumente verpflichtet werden«. »Das bedeutet, bezogen auf die Interdisziplinäre Frühförderung, dass für alle Rehabilitationsträger *(Träger der Eingliederungshilfe-BTHG (ab 1.1.2020), Jugendhilfe – SGBVIII und Krankenkassenverbände – SGBV)* gleichermaßen die Regelungen für *Bedarfserkennung und Bedarfsermittlung, *die Zuständigkeitsklärung und *das Teilhabeplanverfahren ... gelten« (Hüttmann, 2020, 56).

Inwieweit das in diesem Sinne verabschiedete Bundesteilhabegesetz, BTHG diesen Anspruch und den Anspruch auf Inklusion für die Frühförderung erfüllt, wird sich in der Umsetzungsphase bis 2023 erweisen. Vom Wortlaut der einzelnen Gesetzesparagraphen ausgehend, bieten sich Chancen zur Weiterentwicklung der Qualität der Interdisziplinären Frühförderung, die zunehmend auf die Konzeption der ICF gegründet sein könnte (§ 118 SGB IX/BTHG). Ein niedrigschwelliges Beratungsangebot soll nach § 6a FrühV/BTHG vorgehalten werden. Die Interdisziplinarität ist nach § 6a FrühV/BTHG nicht pauschal, sondern differenziert als Bekräftigung der Zusammenarbeit »ausbaufähig« im Rahmen der »Leistungen zur Sicherstellung der Interdisziplinarität« (§ 6a [3]). Die medizinischen Leistungen werden nach § 5b unabhängig von Heilmittelrichtlinien gewährt. Ebenfalls in § 6a wird die Notwendigkeit mobiler Arbeit begründet (Krinninger 2017, 233 ff). Der in jedem Fall zu entwickelnde Förder- und Behandlungsplan (interdisziplinär und in Zusammenarbeit mit den Erziehungsberechtigten) ist als »Teilhabeplan zu verstehen« (Hüttmann, 2020, 57), als eine sinnvolle Leitlinie für das weitere Vorgehen. Sohns (2019, 267) hebt bezogen auf den Gesetzgeber hervor, es sei »der klare Wille erkennbar, moderne Standards der Frühförderung auch in der Praxis zu gewährleisten«.

Für alle Kinder besteht grundsätzlich der Rechtsanspruch auf einen Kita-Platz. Das bedeutet, die Vorgaben des BTHG gelten gleichermaßen für die *Frühförderung in einer Bildungseinrichtung* (Krippe/Kindergarten). Es geht dabei neben der für *alle* Kinder angebotenen pädagogischen und sozialen Unterstützung um eine individuelle *fachspezifische Erweiterung* (Komplexleistung). Trotz aller derzeitigen Unübersichtlichkeit könnte die »Komplexleistung Früherkennung und Frühförderung« auf der Grundlage des BTHG ein Wegbereiter der *Inklusion* sein.

Heute existieren für den *Frühförderbereich* Sozialpädiatrische Zentren, Interdisziplinäre Frühförderstellen sowie Frühförderstellen, die überwiegend pädagogisch arbeiten, daneben therapeutische Praxen, für die eine ärztliche Überweisung erforderlich ist, Interdisziplinäre Frühförderstellen und integrativ (inklusiv?) arbeitende Kindergärten und Krippen. Zudem gibt es spezialisierte Frühförderstellen für Kinder mit Seh- oder Hörbeeinträchtigungen sowie noch einige spezialisierte Einrichtungen. Auch wenn einzelne davon sich als inklusiv arbeitend bezeichnen, ist die Hürde oft unüberwindbar, diese interdisziplinär auf der Basis der Komplexleistung zu gestalten, und damit die Bezeichnung *inklusiv* zu hinterfragen.

Es bleibt abzuwarten, wie sich diese Entwicklungen im Spannungsfeld zwischen inklusiven Erfordernissen und verfügbaren Ressourcen gestalten werden. Seit einiger Zeit laufen parallel Diskussion zu einer Aufnahme der Frühförderung in das SGB VIII (Kinder- und Jugendhilfe, sog. Große Lösung) (siehe Kap 1 und Kap. 11). Eine Neufassung des SGB VIII würde für *alle Kinder* gelten. Sollte es dazu kommen, ist es unbedingt erforderlich, den Fortschritt im Sinne der Inklusion, den die Komplexleistung qualitativ beinhalten »könnte«, generell zu verankern.

8.2 Frühförderung als Institution mit etikettierender Funktion

Das Dilemma, Inklusion im Bereich der Frühförderung umzusetzen, liegt in der eingangs beschriebenen Parallelität der beiden Systeme Frühförderung und Frühpädagogik. Das wirft auf der Ebene der handelnden Akteure Kind, Eltern, Fachleute die Frage auf, was wird unter Inklusion verstanden und mit welchen konkreten Möglichkeiten lässt sich Inklusion verwirklichen. Frühförderung ist nicht alleine dadurch inklusiv, dass sie von Einrichtungen »praktiziert wird«, die sich so benennen. Auf der Systemebene ebenso wie auf der konkreten Alltagsebene findet man Beispiele für Inklusion vs. Exklusion. Sie sind häufig miteinander verwoben und müssen in Bezug auf Faktoren entschlüsselt werden, die Inklusion fördern.

> »Setzungen nach dem Schema ›integrative Förderorte ermöglichen Teilhabe und Inklusion – separierende Förderorte erzeugen Ausgrenzung, Diskriminierung und Exklusion‹ führen zu einer falschen Dichotomie, die den Blick ideologisch verstellt und so nicht nur die Dialektik von Inklusion und Exklusion ignoriert, sondern auch die komplexen sozialen und personalen [...] Wirkungsebenen außer Acht lässt« (Klose und Willmann, 2019, 116).

Erst im Bewusstsein existierender Spannungsverhältnisse zwischen inkludierenden und exkludierenden Bedingungen lässt sich Teilhabe anbahnen.

Wie für die rechtlichen Voraussetzungen beschrieben, ist für die Gewährung der Frühförderung die Feststellung einer *Behinderung* oder einer *drohenden Behinderung* erforderlich, die die Teilhabe des Kindes einschränkt (siehe Kap. 8.1 und Kap. 15). Dieser Akt besagt für das Kind und für seine Eltern: »Du gehörst nicht zu den gesunden, normalen Kindern.« Die früheste Kindheit ist eine hochsensible Periode im Verhältnis der Eltern zu ihrem Kind. Es ist oft der Beginn einer weiteren Folge von »fürsorglicher« Exklusion. Der Anfang der Frühförderung mit einer *Defizitdiagnose* ist ein Widerspruch zu inklusivem Handeln – in Fachkreisen auch als *Ressourcen-Etikettierungs-Dilemma* bezeichnet. Das Paradoxon besteht darin, auf der Grundlage eines systemimmanenten Verwaltungsaktes der *Kategorisierung*, d. h. der gesellschaftlichen Exklusion, dann im Geiste der Inklusion mit dem Kind und seiner Familie *dekagorisierend* zu arbeiten, d. h. mit der Familie ein positives Arbeitsverhältnis zu entwickeln mit dem Anspruch, Inklusion aufrecht zu erhalten bzw. anzubahnen.

Solange die »besonderen Bedürfnisse« (special needs) als Besonderheit im Vordergrund der Förderung stehen, ist das Familiensystem instabil. Man kann aber im Sinne der Philosophie der BRK argumentieren, dass in deren konzeptionellem Rahmen grundsätzlich *jedes Kind* Entwicklungsbedürfnisse hat, die beachtet werden müssen. Und diese Bedürfnisse sind extrem unterschiedlich. Damit handelt es sich nicht nur um eine individuelle Frage, sondern um den Umgang mit einer Systemfrage. Deswegen müssen die Möglichkeiten im Spannungsfeld zwischen Interdisziplinärer Frühförderung, Kindergarten und Krippe als Übergangsprozess für alle Kinder zur Inklusion qualitativ weiter entwickelt werden, immer unter der kritischen Reflexion, Etikettierungen zu erkennen und ihnen entgegen zu wirken.

Auch im schulischen Bereich wird die Frage nach dem System aufgeworfen. Förderung kann daher auch nicht nur an Individuen allein festgemacht werden, sondern an einem Risiko, aus dem Erziehungssystem herauszufallen. »Inklusion ist damit auch kein Sonderrecht oder Sondertatbestand, sondern streng assoziiert mit Fragen der Bildungsgerechtigkeit« (Prengel 2014). Dazu müssen die Systeme angepasst werden und *alle Kinder* einbeziehen. Es wird aber zugleich die damit verbundene »Dekategorisierung« als Gefahr in der Umsetzung von Inklusion benannt, die zu einer Einschränkung der Ressourcen führen könnte. Ähnliche Bedenken werden auch über andere Länder geäußert, z. B. von einer australischen Wissenschaftlerin:

> »Es gab eine breite Akzeptanz für die Inklusion von Kindern mit Behinderungen in allgemeinen Kindertageseinrichtungen. Bedauerlicherweise haben Erzieherinnen und Erzieher oder Personen, die die Kinder begleiten, in vielen Ländern nicht die erforderlichen Qualifikationen, um Kindern mit Behinderungen oder mit besonderem Hilfebedarf die notwendige Unterstützung zu bieten, damit sie aktiv in einer Gruppe partizipieren können. Außerdem haben die für die Organisation zuständigen Verwaltungsfachleute oft kein Verständnis für die Notwendigkeit individueller Planung für Kinder mit besonderen Bedürfnissen« (Kemp 2016, Übers. J.K.).

In diesen Zusammenhängen bedarf es einer Reflexion über den Umgang mit professioneller Fachsprache. Hier geht es um das Pendeln zwischen dem System der exkludierenden Kategorisierung einerseits und dem inkludierenden Handlungsanliegen andererseits. Es ist nicht zu leugnen, dass diagnostische Begriffe über äußere Merkmale eines Kindes, über spezifische Verhaltensweisen, über genetische oder konstitutionelle Auffälligkeiten einen stigmatisierenden (exkludierenden) Charakter haben. Dennoch müssen Fachkräfte der einzelnen Professionen in der Frühförderung die Möglichkeit haben, sich über bestimmte Fragen in der Diagnostik wie in der pädagogischen oder therapeutischen Förderung eines Kindes verständigen zu können. Eine Fachterminologie ist in den unterschiedlichen Bereichen über Jahrzehnte entwickelt worden und ermöglicht einen klaren, eindeutigen fachlichen Austausch. Es kann nur darum gehen, neben den vorhandenen Potenzialen jedes Kindes mit einer fachgebundenen Differenzierung auch Hindernisse (Barrieren s. o. oder in der Terminologie der ICF Funktionen und Strukturen) und Probleme unmissverständlich zu kennzeichnen. Das wechselseitige Verstehen dient dazu, auf dieser Basis neue, angepasste und abgestimmte bzw. alternative Wege (für Förderung, Therapie etc.) zur Partizipation und Inklusion zu entwickeln. Die Anwendung der ICF durch alle an der Förderung beteiligten Fachkräfte erleichtert den Weg zu gemeinsamen, nicht diskriminierenden Sprachregelungen. Allerdings sollten im alltäglichen Umgang mit einem Kind diagnostisch-kategorisierende und damit exkludierende Schlagworte (»ist ja typisch für ... «) nicht auftauchen, weil die Gefahr besteht, verbal die Persönlichkeitsrechte eines Kindes zu verletzen. Gleiches gilt auch dann, wenn ein spezifisches Kind paradoxerweise als »Inklusionskind« kategorisiert wird. Für die unmittelbare Arbeit ist es grundlegend wichtig, sich dieser »Falle« immer wieder bewusst zu werden. »Eine inklusive Sichtweise richtet den Fokus [...] auf die Prozesse zwischen einem Kind und seiner Umwelt. Die professionelle Perspektive verschiebt sich damit weg vom defizitären Blick hin zu den Gestaltungsmöglichkeiten in der Umgebung« (Albers 2015, 248). Zur differenzierten Analyse dieser Gestaltungsmöglichkeiten bedarf es jedoch – in der ICF-Terminologie – eines fundierten Wissens über die struktur- und funktionsbedingten Einschränkungen des Kindes und deren Auswirkungen auf seine Aktivitäts- und Partizipationsmöglichkeiten.

9 Inklusion und kulturelle Entwicklung: Konzeptionelle Herausforderungen für die Interdisziplinäre Frühförderung

Schon in der UN-Kinderrechtskonvention von 1989 wird in Artikel 23 (2) auf die Notwendigkeit einer »besonderen Betreuung« für jedes Kind mit Behinderung hingewiesen, aber andererseits zugleich die »möglichst vollständige soziale Integration einschließlich seiner kulturellen und geistigen Entwicklung« gefordert. Der Auftrag kann auch so verstanden werden, die »besondere Betreuung« wird so umgesetzt, dass sich im Alltagsleben ihre »Besonderheit« relativiert.

Die UN-Kinderrechtskonvention von 1989 begründet in der Präambel die folgenden Formulierungen der Kinderrechte u. a. mit dem Hinweis darauf, »dass Kinder Anspruch auf besondere Fürsorge und Unterstützung haben, überzeugt, dass der Familie als Grundeinheit der Gesellschaft und natürlicher Umgebung für das Wachsen und Gedeihen aller ihrer Mitglieder, insbesondere der Kinder, der erforderliche Schutz und Beistand gewährt werden sollte [...]«. Aus einer inklusiven Perspektive betrachtet, finden sich in diesen Formulierungen die wesentlichen Herausforderungen der Frühförderung, gerade weil diese grundlegenden Feststellungen ausnahmslos *für alle Kinder* gelten.

Bemerkenswert an der Formulierung in Artikel 23 (3) ist die Tatsache, dass die kulturelle Entwicklung dabei einbezogen ist, wenn man die Würde des Kindes in den Mittelpunkt aller professioneller Planung und Handlung stellt. In der Behindertenrechtskonvention ist ein gesamter Artikel (24) der inklusiven Bildung gewidmet. Das wird für Kinder im Vorschulalter noch besonders akzentuiert (Art. 8, 2.b): »auf allen Ebenen des Bildungssystems, namentlich bei allen Kindern von früher Kindheit an«. Letzteres ist die zentrale Herausforderung für die Frühförderung. Neben den somatischen, sozialen und psychischen Aspekten der Frühförderarbeit rücken Kultur und Bildung gleichwertig in den Fokus.

10 Ansätze zu professionellem inklusivem Handeln im Sinne von Partizipation und Inklusion

Die Interdisziplinäre Frühförderung hat mit den beschriebenen Herausforderungen gerade für sehr junge Kinder die große Chance, inklusiv im Sinne der UN-BRK zu arbeiten. »Der Frühförderprozess beginnt mit einem ›in Beziehung treten‹ und der Gestaltung eines darauf aufbauenden Beziehungsprozesses« (Eva Klein 2013, 87). Für viele Kinder sind medizinische Institutionen und Frühförderstellen die ersten Orte, an denen im Sinne einer Früherkennung bzw. Prävention eine Weichenstellung stattfindet:

- Die frühe Erkennung eines Entwicklungsrisikos beinhaltet die beste Voraussetzung für präventives Handeln, d. h. weiterer Exklusion zuvor zu kommen.
- Je jünger Kinder sind und darüber hinaus je stärker im Einzelfall die Beeinträchtigung ihrer Entwicklung ist, desto vulnerabler sind sie. Die Entwicklung einer positiven Perspektive für die Eltern ist deswegen unabdingbar.
- Mit ihrem individuumsbezogenen Ansatz, orientiert an der Einzelsituation eines Kindes, an seiner Familie und seiner Lebenswelt, stellt sie einerseits ein begrenztes und überschaubares Feld für inklusives Handeln dar.
- Andererseits ist seit ihren Anfängen die Verhinderung von Stigmatisierung und Aussonderung ein wichtiges Anliegen der Frühförderung.

Bei allen Planungen von Förderung und Therapie allgemein oder im Rahmen der Komplexleistung muss vorrangig das Kindeswohl als ein zentraler Aspekt im Vordergrund stehen (Well-being of children). Die Sorge um das Kindeswohl ist die Grundbedingung von Inklusion für alle Kinder. Beim Suchen nach einer positiven Definition von Kindeswohl fällt auf, dass allermeist dessen negative Seite, d. h. die *Nichtbeachtung,* thematisiert wird.

Auch wenn eine positive Perspektive als selbstverständliche Voraussetzung erscheint, ist zusätzlich das Wohl der Eltern ebenso von entscheidender Bedeutung, sind sie es, die für den Lebensweg ihres Kindes hauptsächlich verantwortlich sind. Orientiert man sich für das Kindeswohl an einer eindeutigen Perspektive, geht es um die Sicherstellung der elementaren Grundbedürfnisse eines Kindes wie auch derjenigen der Familie, in der es lebt. Zudem geht es ganz wesentlich um die Respektierung der Identität des Kindes als eigenständige Persönlichkeit. Es geht ebenso um die Befriedigung des Bedürfnisses auf Partizipation durch feste Bindung an mindestens eine Bezugsperson und weiter auch um soziale und kulturelle alltägliche Teilhabe (Bildung und kulturelles Einbezogensein). Diese möglichst beste Sicherung des Kindeswohls ist Grundlage wie Ausgangspunkt für professionell erfolgreiche Förderung und Therapie.

Eine interdisziplinäre Planung und ebenso die interprofessionelle Arbeit mit der Familie können nur dann für das Kind vorwärtsweisend sein, wenn die Lebensrealität und der kulturelle Hintergrund der Familie ebenso wie das entsprechende Umfeld als Arbeitsgrundlage berücksichtigt werden. Das erfordert ein stetiges Abwägen, die professionellen Vorgehensweisen so anzupassen, dass sie für die Eltern und die Familie akzeptabel, aber zugleich für das Kind fachlich angemessen sind. Die gemeinsame Aufgabe besteht darin, den bereits genannten *Möglichkeitsraum* für die kindliche Entwicklung zu erschließen. Das bedeutet – anders ausgedrückt –, die *inkludierenden und partizipativen Fähigkeiten und Möglichkeiten* der Familie zu erforschen, um dem Entwicklungspotenzial des Kindes Wege zu ebnen und im Alltag Handlungsräume zu finden. Leitend ist dabei das Wissen, dass ein Erfolg aller Vorgehensweisen sich in der Aktivität und der sich entfaltenden Partizipation des heranwachsenden Kindes widerspiegelt, und nicht in abstrakten, trainierten Funktionen. Als Leitlinie professionellen Handelns ergeben sich daraus Fragen, die sich auf die in der betreffenden Gesellschaft für das jeweilige Alter »üblichen« Lebenszusammenhänge beziehen. Dies sind allgemeine Fragen, die für Kinder (deren Wohl) und Erwachsene Gültigkeit haben, und die als Fragen auch für kleine Kinder in ihrem kulturellen Lebensumfeld relevant sind:

- Hat die Person Zugang zu allen für sie wichtigen Lebensbereichen?
- Ist die Person in diese Lebensbereiche integriert?
- Nimmt sie an den entsprechenden Aktivitäten teil und erfährt dabei die unabdingbar notwendige Unterstützung?
- Erfährt die Person Anerkennung und Wertschätzung in ihren Lebensbereichen und kann dadurch Zutrauen zu anderen und sich selbst entwickeln?
- Kann sich die Person in ihren Lebensbereichen entfalten?
- Kann die Person entsprechend ihren Kompetenzen selbstbestimmt handeln?

Inklusion bedeutet dementsprechend von Anfang an – trotz aller Schwierigkeiten, Widerstände und Barrieren –, die Bedingungen im Auge zu haben, die die Partizipation jedes Kindes, jeglichen Alters am familiären und am gesellschaftlichen Leben bestimmen. Wenn im folgenden Teil sektoriell »das Kind«, »das Kind und seine Bezugspersonen« und die »Lebensweltbedingungen« einzeln betrachtet werden, so geschieht das im Wissen, dass es eine Trennung dieser Bereiche im realen Leben nicht gibt. Diese Fokussierung dient der Schärfung des Blickes für die einzelnen Komponenten eines Ganzen. Die in der Frühförderung vor Jahrzehnten entwickelte Vorgehensweise der »Förderdiagnostik« vermeidet, »sich von Fixierungen, vor allem auf das Defektive im Kind, zu lösen und seine offenen Möglichkeiten als Chancen für seine Weiterentwicklung zu eruieren« (Speck, 2003, 362). Ein solcher ökosystemischer, das Kind in seiner Lebenswelt beachtender Zugang ist unumgänglich, wenn man einer zunehmend komplexen Lebensrealität konfrontiert ist. In den USA wie auch einigen europäischen Ländern wird dazu das differenzierend und individualisierend aufgebaute »Routine Based Model« (McWilliam, 2019) angewendet. Grundlegend ist eine »Ecomap«, d. h. eine Analyse der gesamten Lebenssituation der Familie inklusive formeller und informeller Unterstützungssysteme.

Ziel der regelmäßigen Besuche in der Familie ist der Aufbau der gemeinsamen Fähigkeiten, den Entwicklungsbedürfnissen des Kindes einerseits und den jeweiligen Bedürfnissen der Familienmitglieder andererseits zu entsprechen, Fähigkeiten, die weiter wirken, wenn die Fachkraft gegangen ist.

Das Bewusstsein für die Bedeutung der Lebensweltbedingungen in der Frühförderung ist in dem Ausmaß gewachsen, in dem zunehmend mehr Familien in Deutschland in prekären Verhältnissen leben. Die Exklusion der Familie oder Sorgeberechtigten aus dem Sozialgefüge schränkt die Möglichkeiten für die Inklusion eines Kindes von vornherein ein.

In den drei folgenden Unterkapiteln werden getrennt voneinander das sich entwickelnde Kind, das Kind in seinem familiären Umfeld sowie die Lebenswelt der Familie in den Blick genommen. Aber erst die professionelle Synopse der drei Bereiche ermöglicht eine daraus resultierende interdisziplinäre Planung und erfordert deswegen ein hohes Maß an Flexibilität.

10.1 Ein Kind und seine Entwicklungsbedürfnisse in der Frühförderung

Als kindliche Entwicklung vermittelten frühere Vorstellungen ein Baby vorwiegend als passives Wesen, nämlich dass ein Säugling oder Kleinkind auf Umwelteinflüsse *re-agiere*. Demgegenüber gehen wir heute davon aus, dass das Kind vorwiegend *agiert*, d. h. von sich aus aktiv wird und seine Beziehung zur Mitwelt sucht, sie steuert, aufrecht erhält oder auch abbricht, jeweils mit den Mitteln, seinem Potenzial, das ihm dafür unter den gegebenen Bedingungen zur Verfügung steht.

Motorische Aktivitäten »aktiv handelnder Subjekte« sind ein Teil ihrer selbst und nicht bloße Re-Aktionen (Touwen, 1993, 12).

Die Neurone und synaptischen Verbindungen, die aktiv sind, dementsprechend eingesetzt bzw. gebraucht werden, überleben – die anderen werden abgeräumt (Niemann, 2019, 5). Die *aktiven Äußerungen* eines sich entwickelnden Organismus – d. h. schon des Embryo und des Fetus – können als »Fragen« interpretiert werden, die das Gehirn mit seinem »phylogenetischem Wissen« an seine Umwelt stellt. Das Nervensystem tastet die Umwelt aktiv ab (Singer, 2000, 80). Die Suche nach Sinnessignalen und deren Einwirkung auf die Entwicklung sind aber nur dann strukturierend, wenn sie Folge einer aktiven Interaktion mit der Umwelt sind und nur, wenn der junge Organismus die Initiative hat (ebd. 85). Diese Suche wahrzunehmen, zu unterstützen und weiter herauszufordern ist die grundlegende Voraussetzung für Partizipation, mit der Inklusion beginnt und sich weiter entfalten kann. Das Nervensystem erlaubt diesen Aktivitäten nur dann, Verschaltungen zu verändern und danach zu speichern, wenn sie in einem weiteren Kontext als angemessen identifiziert wurden. »In der normalen frühkindlichen Entwicklung hat die Evolution schon dafür gesorgt, dass wiederholt und wiederholt wird, und das mit Lust« (Niemann, 2019, 9). Insoweit ist Entwicklung von außen nicht steuerbar, sondern folgt internen, autonomen Organisationsprozessen, die es zu erspüren gilt. Autonomie beginnt nicht erst, wenn in späterem Alter Entscheidungen als selbstbewusst getroffen werden, sondern sie basieren auf elementaren biologischen Lebensprozessen. Autonomie ist ein »grundlegendes Charakteristikum des sich entwickelnden Organismus als Ganzes« (Kühl, 1999, 12).

Früh erkennt der Säugling die eigene Urheberschaft seiner Aktivität und unterscheidet sie von der fremden. Eigenbewegungen wirken selbstverstärkend und werden als zeitlich-taktiler Eindruck im Sinne eines »Selbst« gespeichert (Stern, 1999, 25). Das gilt grundsätzlich für alle Kinder, auch dann, wenn ihr Entwicklungspotenzial durch innere oder äußere Faktoren eingeschränkt ist. In Bezug auf die Förderung eines Kindes bedeutet das für die Praxis: »Alles Trainieren, Therapieren, Frühfördern oder Rehabilitieren bringt wenig, wenn darin das Baby selbst mit seinen Vorlieben, Initiativen und Bedürfnissen nach Selbstwirksamkeit und Bemeisterung nicht zum Zuge kommt« (Papousek, 2010, 36).

Für einen angemessenen Umgang mit einem Kind geht es darum zu versuchen, sich sein inneres Erleben zugänglich zu machen. Auf der Grundlage seiner Erfahrungswelt interpretiert es eine Situation, nimmt eine Beziehung auf und im positiven Fall beginnt es einen *Dialog*. Damit wird es zunehmend fähig, die Aufmerksamkeit zu lenken und Stress zu regulieren. Im negativen Fall wird die Entwicklung stagnieren, der Umgang mit dem Kind wird schwierig bis zu Verweigerung und Abwehr. In einem gelungenen dialogischen Austausch handelt es sich um eine Selbstvergewisserung des Kindes. Dieser Dialog ist immer eine Ganzheit. Das bedeutet für das Kind auf seinem Entwicklungsstand die einzig mögliche Interpretation, sowohl emotional als auch, älter werdend, zunehmend kognitiv. Wenn eine Situation für ein Kind aus seiner Perspektive bedeutsam ist, sich daraus die Motivation und die Möglichkeit zu aktivem Austausch und weitergehendem Handeln ergibt, erfährt es seine Selbstwirksamkeit. Wenn Planungen von therapeutischen oder pädagogischen Interventionen diese Grundbedingungen wie der Eigenaktivität des Kindes und der sich anbahnenden Partizipation nicht berücksichtigen, werden produktive, d. h. »inkludierende Entwicklungsprozesse« tendenziell behindert.

Aus der Perspektive des Kindes werden Pädagoginnen und Pädagogen, Therapeutinnen und Therapeuten wie auch Mitglieder der Familie im Dialog als unterschiedliche Personen bzw. Partnerinnen und Partner wahrgenommen, unabhängig von dem, was sie (fachlich) tun. Dabei ist es zunächst nachrangig, ob die Interaktionsbedingungen pädagogisch oder therapeutisch oder gemeinsam interdisziplinär oder gar nicht geplant sind. Auch Kinder mit schwersten Einschränkungen zeigen diese Unterscheidungsfähigkeit zwischen

Personen deutlich. Das heißt, Fachleute und Familienmitglieder sind hier zunächst als Menschen, als einmalige Persönlichkeiten, für das Kind – quasi als Mediatorinnen und Mediatoren – bedeutsam. Ihnen bringt es seine Aufmerksamkeit und seine Zuneigung entgegen, wenn die Beziehung wechselseitig gelingt. Das Gelingen erleben Bezugspersonen alltäglich konkret. Dieses Gelingen kann als ein inklusiver Akt interpretiert werden, denn das Kind hat eine Wertschätzung als Dialogpartner erfahren und zurückgespiegelt. Das lässt sich nicht immer in eindeutiger Weise objektivieren und verschwindet in der Bedeutung häufig hinter Theorien, Planungen, etc. Dieses Gelingen erfährt jedoch seine volle Wirksamkeit erst in der Einheit der erfolgreichen Beziehungsgestaltung, woraus sich dann Wege nach vorn eröffnen. Das gilt grundsätzlich, unabhängig vom Schweregrad der jeweiligen Beeinträchtigung eines Kindes. Das Kind kann unterschiedliches methodisches Vorgehen nicht unterscheiden, aber es kann durch sein Interesse und seine Aktivität seine emotionale Beteiligung deutlich machen. Das bedeutet, dass in solchen Situationen das Kind wertschätzende Teilhabe, Partizipation, Dabei-sein- und Aktiv-sein-Können, also inkludierende Bedingungen erfahren hat. Damit ist eine Basis gelegt, auf die auch professionell Bezug genommen werden kann.

Woran aber kann man Veränderungen oder besser Fortschritte in der Entwicklung feststellen, die für Pädagoginnen und Pädagogen wie Therapeutinnen und Therapeuten, aber ebenso auch für die Familie greifbar sind? Natürlich gibt es Testverfahren und auch über die direkte Beobachtung lässt sich vieles erkennen. Aber es gibt auch indirekt Auskunft vom Kind selbst – besonders von Kindern mit einer schweren Beeinträchtigung –, wie es seine Situation in seinem Alltag »qualitativ« bewertet. Es handelt sich dabei nicht um Annäherungen an eine wie auch immer definierte Norm, sondern um beobachtbare Veränderungen, die auch den Lebensalltag betreffen bzw. den Zugewinn in interaktionellen Zusammenhängen und darüber hinaus:

- Verbesserung der Lebensqualität auch bei schwerstgeschädigten Kindern,
- zunehmende gerichtete Aktivität und deren situationsangepasste Steuerung,
- längere Wach- und Aufmerksamkeitsphasen,
- zunehmende Motivation, selbsttätig Kontakt aufzunehmen und Anregungen zu suchen,
- Kompetenzen, in Alltagssituationen zunehmend handlungsfähig zu werden,
- funktionelle Fähigkeiten auf neue Situationen zu übertragen,
- Autonomie, Variationen von Handlungs- und Verhaltensweisen einzusetzen,
- Ausdrucksfähigkeit für positive und negative Gefühle,
- zunehmender Ausdruck emotionaler Beteiligung und Selbstbestimmung.

Die genannten Punkte machen deutlich, dass die Auswirkungen von therapeutischen und pädagogischen Vorgehensweisen zusätzlich in einer erweiterten (inklusiven) Perspektive, d. h. konkret auch im Lebensalltag bewertet werden können. Der Boden dafür ist eine auf Alltagsorientierung und Interaktionen bezogene Frühförderung. Aus der Perspektive der Neurowissenschaften gesehen, bedeutet das: »Üben, Alltagsrelevanz und die Einbettung in eine Beziehung gehören zur ›heiligen Trias‹ der Lernforschung« (Niemann, 2019, 9). »Danach kommt der Sensibilität der Betreuer, die Aufmerksamkeit des Kindes zu regulieren und Gelegenheiten zu sozialen Kontakten wahrzunehmen, sowie der emotionalen Qualität des Kontaktes zwischen Kind und Erwachsenen die größte Bedeutung für das Gelingen sozialer Teilhabe zu« (Sarimski, 2015, 151). Diese unsichtbare Brücke zwischen dem Kind und seiner Mitwelt ist ausgesprochen störanfällig. Gelingende Inklusion heißt in diesen Zusammenhängen, dass die äußeren personellen und materiellen Bedingungen mit den Initiativen und der aktiven Dialogbereitschaft des Kindes korrespondieren.

Als Fazit lässt sich festhalten, dass die *Eigenaktivität das zentrale Merkmal* ist, das bei der Analyse der an das Kind gebundenen Entwicklungsbedingungen im Vordergrund steht. Es geht darum, die Fähigkeiten, das Potenzial des Kindes diagnostisch zu erkunden. Diese kindorientierte Perspektive, die vom Neugeborenenalter an Gültigkeit hat, ergibt in Hinblick auf Inklusion jedoch nur einen Sinn, wenn sie in ein die Familie (Kap. 10.2) und die Umwelt (Kap. 10.3) einbeziehendes Konzept eingebettet ist. Der entscheidende Fokus in Hinblick auf seine Inklusion ist die Art und Weise, wann und unter welchen Bedingungen das Kind in der Partizipation welche Aktivität entfaltet und steuert. Aus der Analyse der spezifischen Interaktionsbedingungen zwischen dem Kind und seinen Eltern, der Familie und deren Lebenswelt leiten sich die Erweiterungsmöglichkeiten im Sinne der Partizipation ab.

10.2 Interaktionsbedingungen zwischen dem Kind und seinen Bezugspersonen

Wie beschrieben, ist die Voraussetzung für einen Dialog, dass der Säugling oder das Kleinkind als eigenständiger und aktiver Partner wahrgenommen wird. Das gelingt Müttern, Vätern und Geschwistern allermeist spielend, ohne dass sie sich darüber im Klaren sind. Durch die Deprivations- und die Resilienzforschung, ebenso wie durch die Bindungsforschung ist eindrücklich beschrieben, dass die feste Bindung an mindestens eine Bezugsperson eine Grundvoraussetzung einer positiven Entwicklung ist.

Der Bindung und der gleichberechtigten Qualität der Interaktion wird heute ein viel höherer Stellenwert zuerkannt als in den Anfängen der Frühförderung.

> »Säuglinge sind darauf angewiesen, bedingungslos akzeptiert zu werden ... Dies gilt besonders für die ersten Lebensjahre, in denen sich zwischen den Bindungspersonen und dem Kind ein überaus enger, reziproker, emotionaler Kontakt aufbaut und entwickelt, der das gemeinsame Bindungsverhalten für das Kind zu einer sicheren Basis werden lässt« (Michaelis, 2004, 76).

In der Regel können sich die Bezugspersonen im dialogischen Austausch auf ein Kind spontan einlassen (siehe Kap. 10.1).

Ein solch spontaner Dialog kann durch organische Schädigungen, durch »schwierige« Verhaltensweisen des Kindes und durch psychische Belastungen der Bezugspersonen mit Hindernissen und »Missverständnissen« belastet sein. Zu bedenken ist dabei immer, dass das Kind sich in diesem Austausch Entwicklungsbedingungen gegenüber sieht, die es selbst *in seinem Sinne* nicht verändern kann. Hier besteht ein eindeutiges Gefälle zwischen der Situation der Bezugspersonen wie auch der Fachleute gegenüber dem einzelnen Kind. Deswegen bedarf es großer Feinfühligkeit bei der Planung therapeutischen und pädagogischen Vorgehens. Es geht dabei um die Kernfrage, ob der Säugling oder das Kleinkind hinreichend Gelegenheit hat, seine Aktivität in einen dialogischen Austausch einzubringen und weiter zu entfalten. Es besteht immer die Gefahr, dass genau diese Impulse, z. B. durch die »Überaktivität« der Erwachsenen (Angehörige wie Fachkräfte), eher unterdrückt werden. Ebenso ist der Dialog dann gefährdet, wenn die Bezugsperson(en) sozial oder emotional belastet, z. B. psychisch krank ist/sind.

Damit geraten für die Interdisziplinäre Frühförderung die emotionalen und intentionalen Ausdrucksformen des einzelnen Kindes und die darauf bezogene Art der Zuwendung der Erwachsenen ins Zentrum der Beobachtung, in der Fachsprache als Responsivität bezeichnet. »Darunter ist ein Verhaltensmuster zu verstehen, welches dem Kind Raum für eigene Aktivitäten lässt, aber in Bereitschaft steht, auf diese Aktivitäten kontingent, ausgestaltend und ohne einschränkende Dominanz zu antworten« (Schlack 1989, 43). Responsivität ist für die Inklusion Grundvoraussetzung, verbunden mit der Herausforderung für die sensible Kreativität der Bezugspersonen, das Kind zu weiterer Aktivität anzuregen.

Eine positive wechselseitige Bezugnahme kann unter den oben genannten Schwierigkeiten, wie sie in der Frühförderung häufig sind, entgleisen. Diese Schwierigkeiten können, wie angedeutet, aus den kommunikativen Einschränkungen des Kindes oder aus unterschiedlichsten Problemsituationen der Bezugspersonen entstehen. Da sich Beziehungen auf Seiten des Kindes zunächst auf der Gefühlsebene entfalten – umso ausschließlicher je jünger das Kind ist –, sind sich alle Fachleute darin einig, dass hier ein Schlüssel für eine erfolgreiche Frühförderung liegt. Hier können Beobachtungsverfahren eingesetzt werden. Als ein Beispiel sei die direkte Methode der Beobachtung mit dem PICCOLO-Programm genannt. »Fachleute können PICCOLO zur Identifizierung all dessen nutzen, was Eltern schon tun, um die Entwicklung Ihres Kindes zu unterstützen. Damit können sie auf diese Stärken aufbauen, indem sie den Eltern helfen Wege zu finden, die Häufigkeit solcher Interaktionen zu erweitern« (Roggman et al. 2013, 301, übers. J. K.). Es gibt vielfältige weitere Wege: »Durch die Arbeit mit Videos können Interaktionsprozesse zwischen Eltern/Bezugspersonen und ihrem Kind, aber auch den professionellen Fachkräften der Frühförderung und dem Kind bzw. seinen Eltern ›sichtbar‹ gemacht werden« (Gebhard 2015, 255). All diese vielfältigen Vorgehensweisen können dabei helfen, Dialogangebote des Kindes aufzugreifen, Dialoge aufrecht zu erhalten und weiter zu entwickeln. Das bedeutet die *inkludierenden Fähigkeiten und Möglichkeiten* in einer Familie genauer zu erkunden. Es ist eine zentrale Aufgabe der Interdisziplinären Frühförderung und eine Grundbedingung für deren Wirksamkeit, den Dialog als Grundlage von Inklusion anzuregen, zu ermöglichen und kontinuierlich zu begleiten. Sarimski, Hintermeier und Lang (2013, 203) fassen entsprechende Studien dahingehend zusammen, »dass sowohl die Qualität der Zusammenarbeit mit Fachkräften der Frühförderung wie auch die erhaltenen Hilfen direkte Effekte auf das elterliche Zutrauen in die eigene Kompetenz und ihre psychische Stabilität hatten und dass diese beiden Faktoren als Mediatoren indirekte Effekte auf die Qualität der Eltern-Kind-Interaktion und den kindlichen Entwicklungsverlauf hatten«.

In vielen Veröffentlichungen zur Frühförderung wird auf die entscheidend wichtige Rolle der Eltern oder der Bezugspersonen eingegangen, ebenso wie auf die Tatsache, dass Begleitung und Unterstützung sie in ihrer Rolle als Eltern stärkt. Voraussetzung dafür sind aber zwei Aspekte, nämlich dass die Kommunikation mit den

Eltern auf »Augenhöhe«, d. h. respektvoll gestaltet wird und dass die Eltern in der Beobachtung ihres Kindes als gleichberechtigt akzeptiert sind. Familienorientierung heißt, Familienmitglieder zusammenzuführen, gleich in welchem Setting. Familienorientierung wird als spezifische Arbeitsgrundlage der Interdisziplinären Frühförderung angesehen (siehe dazu auch: Simon, Kap. 6: Einbezug der Eltern).

Resümierend bedeutet das, ein Kind kann seine Aktivität nur dann entfalten, wenn es in einen Dialog, d. h. partizipatorisch eingebunden ist. Die Kontextbedingungen (nach ICF), d. h. sowohl die Verfassung der Eltern oder Bezugsperson als auch die sozioökonomische Lebenssituation, stellen den Hintergrund dar, der Partizipation begünstigt oder verhindert. Inklusion verlangt die Anpassung der Umwelt an die individuellen Bedürfnisse des Menschen mit Behinderung. Alltagsbezogene Anpassung der Umwelt, besser ausgedrückt der Mitwelt, erfordert dementsprechend auch eine Anpassungsleistung von den Bezugspersonen. Das verdeutlicht, wie anspruchsvoll die Frühförderarbeit in Hinblick auf die Inklusion eines Kindes sein muss, besonders dann, wenn dessen Familie in prekären Verhältnissen leben.

10.3 Lebenswelten und Lebensbedingungen von Familien

Die Behindertenrechtskonvention kennzeichnet in ihrer Präambel (x) die Bedeutung der Familie. Hier werden in etwas komplizierter Formulierung die Voraussetzungen genannt, die Inklusion ermöglichen »in der Überzeugung, dass die Familie die natürliche Kernzelle der Gesellschaft ist und Anspruch auf Schutz durch Gesellschaft und Staat hat und dass Menschen mit Behinderungen und ihre Familienangehörigen den erforderlichen Schutz und die notwendige Unterstützung erhalten sollen, um es den Familien zu ermöglichen, zum vollen und gleichberechtigten Genuss der Rechte der Menschen mit Behinderungen beizutragen«.

Jedes Kind lebt in einem je einmaligen spezifischen Umfeld, dessen Heterogenität so groß ist wie die Lebensbedingungen von Familien oder Formen des Zusammenlebens in der Gesamtgesellschaft. Die jeweilige vorgegebene Situation ist *die Lebenswelt*, in der sich jeder Mensch befindet. Alltag bzw. Lebenswelten können als kulturell geformte *Sinnwelten* verstanden werden. Sie sind ökonomisch und sozial geprägt. Damit sind sie die Basis jeden Wahrnehmens und Verstehens der Lebenswelt und der weiteren Gesellschaft, auf die Fachkräfte sich beziehen müssen. Sie sind der Hintergrund, der die Partizipation eines Kindes am Familienleben begünstigt, einschränkt oder verhindert, d. h. der zu beachtende Boden für die Inklusion des Kindes.

Die entscheidend wichtige Rolle der Eltern oder der Bezugspersonen wurde zuvor ausführlich beschrieben. Schon früh in der Entwicklung der Frühförderpraxis wurde auf die Tatsache hingewiesen, dass Begleitung und Unterstützung sie in ihrer Rolle als Eltern stärkt. Deswegen wird *Familienorientierung* (siehe Kap. 10.2) generell als spezifische Arbeitsgrundlage der Interdisziplinären Frühförderung angesehen.

Dabei begegnen alle Frühförderinnen und Frühförderer heute einer Realität, dass verlässliche Strukturen einer klassischen Familienkonstellation oft nicht vorausgesetzt werden können. Es haben sich sehr unterschiedliche individuelle Lebensgestaltungen von Erwachsenen als Eltern herausgebildet. Die Formen des Zusammenlebens und ihre ökonomischen Grundlagen haben sich in einer Weise vervielfältigt, dass in diesem Arbeitsbereich Fachkräften in der Frühförderung eine hohe Flexibilität abverlangt wird. Die besondere Brisanz dieser Feststellung ist durch ein hohes Ausmaß an Kinderarmut (und damit Familienarmut) bestimmt.

»In Deutschland leben über 2,5 Millionen Kinder in Einkommensarmut. Dies entspricht etwa 19,4 Prozent aller Personen unter 18 Jahren ... Arme Kinder sind von der sozio-kulturellen Teilhabe weitgehend ausgeschlossen und weisen häufiger Defizite hinsichtlich ihres Spiel- und Arbeitsverhaltens, ihrer Sprachkompetenz und ihrer Einbindung in soziale Netzwerke auf« (Deutscher Kinderschutzbund 2016).

Im Oktober 2017 wird die Kinderarmut (über mindestens 5 Jahre andauernd) von der Bertelsmann Stiftung mit 21 % angegeben. Seit langem und immer wieder aktuell erhebt sich in der Praxis die Frage, was als Familienorientierung in Hinblick auf die Inklusion eines Kindes angesehen werden kann, wenn die Lebensrealität dem oft genug entgegensteht. Es kommt eine andere Schwierigkeit hinzu, die mit Konflikten besetzt sein kann. In der Sichtweise von Verwaltungen, insbesondere den Krankenkassen, besteht der Auftrag der Interdisziplinären Frühförderung in der Förderung/Therapie des (»kranken«) Kindes, eine »einäugige« Sichtweise, die formal aus ökonomischen Gründen vertreten wird, wissenschaftlich jedoch nicht haltbar ist. Es widerspricht aller Erfahrung, Frühförderung losgelöst von der familiären Lebenssituation umzusetzen, die oft von Armut und Perspektivlosigkeit geprägt sind.

Für Eltern in solchen Lebensbedingungen ist es wichtig festzustellen, dass das Kind im Zentrum der Aufmerksamkeit der Fachleute steht, dass *etwas Positives* geschieht, was sie selbst so nicht leisten können. Das bedeutet ein stetes Ausbalancieren zwischen Kind-Orientierung und Familien-Orientierung. Daneben muss es die Offenheit auch für andere Settings geben (Frühförderstelle, Kleingruppe, Krippe, Pflegefamilie), wenn die Familie es wünscht.

Erzieherische und fördernde Begleitung von Kindern findet – regional unterschiedlich – je jünger die Kinder sind, umso mehr im häuslichen Umfeld in der Familie statt. Pflege und Erziehung von Kindern liegen grundsätzlich in der Verantwortung der Eltern (Art. 6 GG, Absatz 2). Eltern sind zugleich Menschen, die, unabhängig von den Bemühungen um ihr Kind oder ihre weiteren Kinder, berufliche Aufgaben und eigene Bedürfnisse und oft alltägliche Existenzsorgen haben. Sie müssen ihre Bedürfnisse aber im Rahmen der Frühförderung mit den Gegebenheiten einer fördernden Aufmerksamkeit für ihr Kind in Einklang bringen. Damit geraten sie häufig nach Jahren der Armut in einen Zustand »sozialer Erschöpfung«. Welche emotionalen Ressourcen stehen Eltern dabei noch zur Verfügung?

Ein Symposion der Vereinigung für Interdisziplinäre Frühförderung thematisierte in diesem Zusammenhang allgemein die Bedeutung der »Anerkennung«, ebenso wie die wechselseitige Anerkennung in der Arbeit. Zugehörigkeit zu unterschiedlichen Lebenswelten bedingt wechselseitige Fremdheit, die Anerkennungsprozesse erschwert. Dabei ist »Anerkennung für Menschen so bedeutsam wie die Luft zum Atmen. Damit wird deutlich, wie wichtig es für die Arbeit in der Frühförderung ist, bei allen Spannungen, Differenzen und Unterschiedlichkeiten in der Wahrnehmung und Einschätzung in eine verständnisorientierte, auf Respekt gegründete Anerkennungsbeziehung zu treten« (Weiß, 2015, 32/33).

Aus einer Ambulanz heraus ist es für Fachkräfte häufig schwierig, die Lebenswirklichkeit einer Familie realistisch einzuschätzen und Perspektiven für den Alltag zuhause zu entwickeln. In der häuslichen Situation – der spezifischen Lebenswelt – können diese Empfehlungen realitätsnäher gemeinsam gestaltet werden. Dazu ist die Vernetzung mit sozialen Diensten häufig notwendig.

Die Hausfrühförderung, die stärker im ländlichen als im städtischen Raum umgesetzt ist, orientiert sich direkt an der Lebenswelt der Kinder und deren Familien. Für die professionelle Förderung eines Kindes stehen häufig nur ein bis zwei so genannte *Übungsstunden* in der Woche zur Verfügung, d. h. eine oder zwei Stunden von 168 Stunden, die eine Woche ausmachen. Deswegen ist es dringend geboten, Situationen im familiären Alltag zu entdecken oder zu entwickeln, an denen das Kind aktiv partizipieren kann. Dieser Zeitraum, in denen positiv gestaltete Interaktionen vielfach möglich sind, ist der Boden, auf dem sich die Inklusion des Kindes unter entsprechend angeleiteter Unterstützung herstellen und entfalten kann.

Wird die Frühförderarbeit vom Standpunkt einer Orientierung an der Lebenswelt konzipiert, dann ist der Ausgangspunkt die Akzeptanz der Art und Weise, wie Eltern und andere Bezugspersonen mit dem Kind umgehen. Sie muss zunächst einmal so angenommen werden. Das mag aus professioneller Sicht zu Beginn kontraproduktiv erscheinen. Damit stellt die vorgefundene häusliche Umgebung ein bedeutsames Beobachtungsfeld dar und bietet zugleich die Chance, dass behutsam andere Umgehensweisen mit dem Kind erprobt und auch andere Sichtweisen im Familienalltag, im alltäglichen Umgang Raum finden können. Damit verbunden ist die Chance, mit der Familie eine emotionale Beziehung herzustellen. Der Wohnbereich einer Familie bietet im positiven Sinne Gelegenheiten, die Einbeziehung kleiner Kinder jeden Alters möglich zu machen, Neugier und Aktivität anzuregen. Allerdings gilt das auch in umgekehrtem Sinne der Verhinderung von Neugier und Aktivität. Veränderungen anzuregen erfordert viel Sensibilität und Fantasie. Je kleiner die Kinder sind, umso geringer ist der materielle Aufwand. Spielmaterialien, eine Matte etc. können ohne großen Aufwand mit in die Häuser oder Wohnungen genommen werden. Damit lassen sich vielfache dialogische Situationen herstellen, die für das Kind produktiver sind als ein abzuarbeitendes Routineprogramm, und es kommt zu einer Annäherung an das *Entwicklungspotenzial* des Kindes und an die *inkludierenden Fähigkeiten und Möglichkeiten* der Familie.

Darüber hinaus ist das Kennenlernen der zur Lebenswelt gehörenden kulturell geformten Sinnwelt von ähnlicher Bedeutung. Sie prägt die Einstellung zum Kind und seiner spezifischen Situation, die Erwartung und Hoffnung gegenüber Förderung und Therapie, das Rollenverständnis im familiären Zusammenleben, das Verhältnis zu äußerer Unterstützung und zur Außenwelt allgemein. Es bleibt jedoch immer auch ein Balanceakt, den Respekt und die Distanz gegenüber der Privatsphäre einer Familie zu wahren. In jedem Fall ist diese Nähe zum Lebensalltag eine wichtige Quelle, einerseits Ressourcen (im »Spielraum« zwischen Vulnerabilität und Resilienz) aufzudecken, aber ebenso Hindernisse und Barrieren zu identifizieren. Besonders schwierig ist das in der Zusammenarbeit mit Eltern aus uns fremden Kulturkreisen, wobei sich entgegenstehende Sinnwelten aufeinanderprallen können. Es geht dabei immer wieder um ein Aushandeln, um Veränderungen und deren Machbarkeit. Es geht darum, Problemlösungsstrategien zu finden, um Alltagsabläufe zu erleichtern und neu zu gestalten. Alles das aber erweist sich nur dann als erlebte Anerkennung, wenn das Wohlergehen des Kindes und gleichrangig das Wohlbefinden der Gesamtfamilie in ihrem Umfeld dabei als Leitlinie im Auge behalten werden. Das ist nicht von der Interdisziplinären Frühförderung allein zu leisten, wenn es um Inklusion geht. Dazu bedarf es oft der »Brückenbauer«, d. h. kompetenter Personen, um sprachliche und kulturelle Verständigungsprozesse zu unterstützen und zu begleiten. Deswegen sollte es die Offenheit auch für andere Wege geben.

Es steht – zusammengefasst – außer Frage, dass bei der Förderung und Therapie eines Kindes seine Eltern bzw. Bezugspersonen und seine Lebenswelt von entscheidender Bedeutung sind. Die Art und Weise der Einbeziehung kann und muss je nach Konstellation unterschiedlich gestaltet werden. Es geht vor allem darum, im Sinne von Inklusion die Familienkohärenz zu fördern. Entwicklung vollzieht sich als bio-psycho-sozialer Prozess. Dabei ist die sog. Hausfrühförderung in der unmittelbaren Lebenswelt ein erprobter, bewährter und häufiger Zugang. Auch wenn die relevanten Risiken für die Entwicklung offenkundig sind, auch wenn interdisziplinär und interinstitutionell zusammengearbeitet wird, inklusives Planen und Handeln gerät hierbei oft an Grenzen

Im Zusammenhang mit den Lebensweltbedingungen, in denen das Kind und seine Familie leben, ist der Blick über die einzelne Familie hinaus zusätzlich wichtig. Ein entscheidender Aspekt ist die Auflösung der möglicherweise bestehenden Isolation einer Familie. Frühförderstellen können die Bildung von Elterngruppen anregen, interessierte Eltern miteinander bekannt machen, auch gemeinsame Eltern-Kind-Treffen anregen. Das ist ein Schritt aus der Einzelsituation auf dem Weg in die gesellschaftliche Partizipation und Inklusion. In gleicher Weise kann sich sowohl für die Eltern auf der einen Seite als auch der Frühförderinnen und Frühförderer auf der anderen Seite die Beteiligung an einer Selbsthilfegruppe aus der Einzelsituation zu einem erweiterten Austausch öffnen. Ein Austausch als »emotionale Unterstützung, als Unterstützung beim Problemlösen, als praktische und materielle Unterstützung und als soziale Integration als Zugehörigkeit zu einem Netzwerk«

(Vonderlin, 2004, 155). Auch wenn das Verhältnis zwischen Fachleuten und Elternselbsthilfegruppen oft nicht spannungsfrei ist, eröffnet die Zusammenarbeit die Möglichkeit, Forderungen im Sinne der Inklusion in die Gesellschaft hinein zu tragen.

Noch einmal kurz zusammengefasst: Lebensbedingungen können die kindliche Entwicklung »behindern«. *Einerseits*: je problematischer die Lebenssituation der Familie ist, umso vulnerabler ist ein Kind in seiner Entwicklung. *Andererseits:* das wachsende Ausmaß der Partizipation eines Kindes an seiner Lebenswelt (Familie, Kita) ist ein entscheidender Maßstab für seine Inklusion. Ein wesentlicher, aber auch störanfälliger Wegbegleiter ist die empathische Begleitung der Familie durch die Fachkräfte.

11 Auswirkungen inklusiver Arbeit auf Institutionen der Frühförderung

Während Sozialpädiatrische Zentren überwiegend in Städten angesiedelt sind, findet man Frühförderstellen sowohl in Städten als auch auf dem Land, wohnortnahe zu Familien, Krippen und Kindergärten. In beiden unterschiedlich organisierten Institutionen wird die Komplexleistung Frühförderung erbracht.

Die mobile Arbeit der Interdisziplinären Frühförderstellen orientiert sich näher an der Lebenswelt der Familien.

> »Im Zusammenhang medizinischer, psychologischer, pädagogischer und sozialer Dienstleistungen haben Frühförderstellen einen spezifischen Platz und Auftrag. Sie stellen für behinderte und von Behinderung bedrohte Kinder und ihre Familien zunächst eine familiennahe Grund- und Flächenversorgung zur Verfügung. Dies hebt sie ab von Sozialpädiatrischen Zentren und vergleichbaren Einrichtungen des medizinischen Bereichs« (Thurmair & Naggl, 2003, 33).

Aus dem medizinischen Bereich werden hier für ein Sozialpädiatrisches Zentrum, das für Kinder und Jugendliche bis 18 Jahre zuständig ist, aus dem »Altöttinger Papier« die Aufgaben und Ziele für den Bereich der Frühförderung (Kinder bis 6 Jahre) eines SPZ zusammengefasst:

- »Ärztlich verantwortete interdisziplinäre Diagnostik, Behandlungsplanung und Therapie zum frühestmöglichen Zeitpunkt unter Abstimmung auf die Krankheit und Entwicklung des jeweiligen Kindes oder Jugendlichen
- Koordination ärztlicher, psychologischer, therapeutischer, sozialer und pädagogischer Tätigkeit
- Verlaufsuntersuchungen und Begleitung des Patienten und seiner Familie bei Langzeitbehandlung
- Erbringung der Komplexleistung Frühförderung entsprechend der jeweiligen Landesrahmenvereinbarung« (Hollmann et al, 2014, 17).

In den Sozialpädiatrischen Zentren ist der »nichtärztliche Anteil« der Interdisziplinarität ungesichert. »An verschiedenen Orten ziehen sich die Träger aus der Finanzierung dieses Leistungsbausteins zurück« (Wurst, 2020, 46). Hier zeigt sich eine umgekehrte Entsprechung zu dem »medizinisch-therapeutischen Teil« der interdisziplinär arbeitenden Frühförderstellen. Aus der Sicht der Leistungsträger falle der notwendige, fachlich begründete Unterstützungsbedarf nicht in die jeweilige Zuständigkeit, weil »(d)ie Finanzierung der nichtärztlichen sozialpädiatrischen Leistungen (näspL) in den Sozialpädiatrischen Zentren (SPZ) [...] gesetzlich nicht klar geregelt« ist (ebenda, S. 48, siehe Kap. 1).

Die Fragestellungen bzw. Aufgaben, die an Sozialpädiatrische Zentren und Interdisziplinäre Frühförderstellen bezogen auf Kinder unter 6 Jahren herangetragen werden, sind sehr heterogen. Man kann sie grob drei Bereichen zuordnen (d.h. kategorisieren!), aus denen Kinder von der Frühförderung übernommen werden:

- Eine Gruppe von Kindern wird direkt aus der Neonatologischen Klinik oder der Kinderklinik weitergeleitet. Dabei handelt es sich um frühgeborene Kinder mit Entwicklungsrisiken oder schwereren Schädigungen, um Kinder mit eindeutigen somatischen oder genetischen Diagnosen oder organischen Fehlbildungen.

- Eine zweite Gruppe wird im Säuglings- oder Kleinkindalter durch eine verlangsamte Gesamtentwicklung oder durch Einschränkung bestimmter Funktions- und Entwicklungsbereiche auffällig (Sehen, Hören, Motorik, Sprache und Kommunikation, Sozialverhalten etc.). Niedergelassene Kinderärztinnen und Kinderärzte sowie andere Institutionen leiten diese Kinder weiter.
- Die dritte und immer größer werdende Gruppe sind etwas ältere Kinder (Kleinkindalter und Vorschulalter) mit Verhaltensbesonderheiten, mit Lern- und Leistungsproblemen, die häufig auch aus prekären Familienverhältnissen stammen. Sie fallen oft erst in der Krippe oder im Kindergarten auf.

Schlack (2008, 150 ff) hat für diese dritte Gruppe auf der Grundlage des KiGGS Studie (2003-2006) zur Kindergesundheit den Begriff der »Neuen Morbidität« geprägt. Damit wird eine Entwicklung bei Kindern »von den primär körperlich bedingten Krankheiten zu den psychischen und funktionellen Entwicklungsstörungen« abgegrenzt.

Die Eltern – in welcher Familienkonstellation sie auch leben – tragen mit der Verantwortung für ihre Kinder zugleich große Sorgen um deren Zukunft. Der Ausgangspunkt für inklusives Planen und Arbeiten ist generell die Vielfalt von Menschen und eine große Vielfalt von Kindern in der Frühförderung, die sehr differente individuelle Entwicklungsbedürfnisse haben. Man kann die Klientel der Frühförderung zwar mit schlichten (kategorisierenden) Begriffen wie *behindert* oder *von Behinderung bedroht* fassen. Aber diese Vereinfachung trifft nicht die Realität. Dazu kommen Bedürfnisse, die entsprechend ihrer je spezifischen familiären Lebenssituation begründet sind (siehe Kap. 10.3). Diese Kinder gelten genau deswegen als besonders *vulnerabel* in ihrer Entwicklung und sind oft auf *umfassende Unterstützung* angewiesen. Auch die Eltern müssen mit den Sorgen um ihr Kind als vulnerabel angesehen werden. Hier setzt die Frage an, was inklusive Arbeit für eine Frühförderinstitution bedeutet.

In Kapitel 8 wurden die allgemeinen Herausforderungen für die Frühförderung im Rahmen der Inklusion herausgestellt. Danach muss die Frage nach der Inklusion in der Familie bzw. nach deren *inkludierenden Fähigkeiten und Möglichkeiten* wie auch deren Begrenzungen Eingang in das Denken und Handeln der interdisziplinären Frühförderung finden. Das gilt auch für dieselbe Frage nach eben diesen Fähigkeiten in Krippen und Kindergärten, die Kinder aus der Frühförderung aufnehmen. In Kapitel 9 wird aus den beiden UN-Konventionen (KRK und BRK) der inklusive Aspekt *von früher Kindheit an* als zentrale Herausforderung für die Frühförderung erkennbar, d.h. neben dem somatischen, sozialen und psychischen Aspekten der Frühförderarbeit rücken Kultur und Bildung gleichwertig in den Fokus.

Die Arbeit mit Säuglingen und Kleinkindern und deren Familien stellt auf Grund der Unterschiedlichkeit der Entwicklungsbeeinträchtigungen und der sich ergebenden Herausforderungen hohe Anforderungen. Fachkräfte benötigen eine breite Kenntnis über diese vielfältigen Beeinträchtigungen und der ihnen angemessenen Förderung und therapeutischen Möglichkeiten. Die Voraussetzung dafür ist die fundierte theoretische und praktische Ausbildung in der jeweiligen Profession (siehe die aufgeführten Fachgebiete im SGB IX § 30[2], siehe dazu auch das von der Vereinigung für Interdisziplinäre Frühförderung e.V. entwickelte Konzept der Qualitätsstandards [2015]). Häufig sind Zusatzausbildungen gerade für die frühe Kindheit notwendig, um eine kompetente Begleitung des Kindes und seiner Familie sicher zu stellen.

Alle bisherigen Darstellungen zur Inklusion in der Frühförderung fließen dahingehend zusammen, dass die interdisziplinäre Organisation, die konzeptionelle Neubestimmung bzw. Nachjustierung und die Zusammenarbeitsstrukturen die Voraussetzung für eine inklusiv orientierte Arbeit sind (siehe dazu auch: Simon, Kap. 3: Argumente für interdisziplinäre Zusammenarbeit).

Eine Organisation, die den Anspruch hat, Frühförderung inklusiv zu organisieren, muss über Fachkräfte aus den unterschiedlichen Fachgebieten verfügen und die zeitlichen und organisatorischen Voraussetzungen für eine interdisziplinäre Zusammenarbeit im Team als Grundvoraussetzung schaffen. Sie muss flexibel auf höchst unterschiedliche Bedürfnisse der Kinder und deren Familien eingehen können (siehe Simon, Kap. 5.4: Vom Wunschteam zum Team). Inklusion bedeutet zudem, dass sich eine Frühfördereinrichtung auch als eine Bildungseinrichtung versteht (entsprechend Art. 8, 2.b der BRK). Unter *Bildung* wird oft – verkürzt – Verstandesbildung verstanden. Es geht aber um viel mehr. Bildung bedeutet das Hineinwachsen in die umgebende Welt mit ihren kulturellen Werten und Normen, »in eine der Unterschiedlichen, der je Starken und Schwachen« (Speck, 2003, 155). Hier werden die Grundlagen einer pluralistischen demokratischen Gesellschaft gelegt, die Kinder miteinander erleben und die Erwachsene vorleben.

Frühfördereinrichtungen sind herausgefordert, neben der Arbeit mit und in einer Familie auch an anderen Orten, insbesondere in Krippen und Kindergärten mit den dortigen Fachkräften für ein Kind zusammen zu arbeiten. Vernetzung mit weiteren sozialen Institutionen ist für die Inklusion der Familie häufig erforderlich (siehe Kap. 10.3).

Für die geforderte o. g. konzeptionelle Neuorientierung oder auch Nachjustierung der Frühförderarbeit im Sinne der Inklusion ist der Aspekt der Partizipation wichtiger als der auf Funktionen orientierte Fokus. Dialog und Partizipation sind von ihrem Ansatz her auf die Erweiterung der Austauschmöglichkeiten eines Kindes mit seiner Mitwelt ausgerichtet. Das mag zwar bisher schon so geschehen. Aber die Situationen sollten gezielt auf die Gelingensbedingungen in der unmittelbaren Praxis, ebenso wie im Team reflektiert werden. Das bietet die Chance, auf der Basis der partizipativen Fähigkeiten weitere Ideen und Wege zur Inklusion in der Familie und auch darüber hinaus zu finden, um ein Kind auf spätere Peer-Situationen vorzubereiten.

Wenn mehr als eine Fachkraft mit dem Kind und seiner Familie arbeitet, sind eine gemeinsame *allgemeine* Zielsetzung in Hinblick auf die Partizipation und Inklusion des Kindes ebenso notwendig wie eine nachvollziehbare Fokussierung auf *differenzierte* Ziele der einzelnen Berufsvertreterinnen und -vertreter *als Teile eines Ganzen*. Das bedeutet, den jeweiligen Bezugspersonen ihre inkludierenden Fähigkeiten bewusst zu machen, zu eigener Initiative anzuregen und sie empathisch ggf. zu unterstützen. Das subjektive Wohlbefinden der Eltern im Umgang mit ihrem Kind kann nur dann entstehen, wenn die Eltern das befriedigende Gefühl entwickeln, ihr Kind zum Dialog anregen zu können und damit einen Beitrag zu seiner positiven Weiterentwicklung zu leisten.

Damit der Begriff Inklusion nicht als Etikett missbraucht wird, muss eine interdisziplinäre/transdisziplinäre Zusammenarbeit klar geregelt sein. Das betrifft sowohl die gemeinsamen Ziele (der Familie und der Fachkräfte), d. h. Förderung und Therapie in der Familie und in der Krippe oder dem Kindergarten, als auch die unterschiedlichen Schwerpunkte und Verantwortlichkeiten. Dafür bedarf es einer verbindlichen Konzeption, in der auch das *Arbeitsdreieck* Frühförderung-Eltern-Krippe/Kindergarten organisatorisch und inhaltlich klar geregelt ist. Jenseits der interdisziplinären Zusammenarbeit innerhalb einer Frühfördereinrichtung bedarf es des Öfteren der interinstitutionellen Zusammenarbeit und Vernetzung.

12 Bedeutung von Netzwerkarbeit für Inklusion

Die bisherige Darstellung der Interdisziplinären Frühförderung und der Frühförderinstitutionen fokussierte auf Veränderungen in der Arbeit, die sich durch die Ausrichtung auf inklusives Planen und Handeln ergeben. Dabei wurde darauf hingewiesen (siehe Kap. 10.3), dass für manche Kinder und ihre Familien eine Begleitung und Unterstützung auch durch weitere Einrichtungen erforderlich sein kann, besonders unter schwierigen psychischen, sozialen, kulturellen und/oder ökonomischen Lebensbedingungen.

Damit ist die Frage verbunden, inwieweit Frühfördereinrichtungen (Sozialpädiatrische Zentren und Interdisziplinäre Frühförderstellen) selbstverständliche Partner im System sozialer Unterstützung sind. Grundsätzlich ist eine Frühfördereinrichtung ein Glied im Netz von Einrichtungen im medizinischen, im sozialen und im Bildungsbereich, mit denen je nach der Einzelsituation eine Zusammenarbeit organisiert werden muss.

> »Frühförderung stellt ein Versorgungssystem dar, das durchaus als Knotenpunkt zwischen den Systemen Pädiatrie sowie Kinder- und Jugendhilfe verstanden werden kann, da hier die Fäden zu beiden Systemen zusammenlaufen« (Behringer & Höfer 2009, 52).

Alle Seiten sind gleichermaßen in die Suche nach der Lösung für eine Problemsituation einbezogen und in gewissem Sinne für eine inklusionsorientierte Zusammenarbeit aufeinander angewiesen, sofern sie konzeptionell entsprechend ausgerichtet sind. Kooperationspartner der Interdisziplinären Frühförderung sind:

- Kliniken, insbesondere Neonatologische Kliniken und Kinderkliniken, niedergelassene Ärztinnen und Ärzte, Hebammen und speziell Familienhebammen, Gesundheitsämter, Schwangerschaftskonfliktberatungsstellen, Selbsthilfegruppen,
- Jugendämter, allgemeine Sozialdienste, insbesondere sozialpädagogische Familienhilfe und Frühe Hilfen,
- Krippen und Kindergärten, Erziehungs- und Familienberatungsstellen, Elternselbsthilfegruppen etc.

Vor ca. 10 Jahren wurde bundesweit ein »System Früher Hilfen« geschaffen, das eine klare Schnittstelle mit Frühfördereinrichtungen hat. Die durch das Nationale Zentrum Frühe Hilfen (NZFH) initiierten Aktivitäten sind von vornherein nicht an eine spezifische Professionalität gebunden. Das System knüpft an die große Heterogenität der gewachsenen Strukturen und Institutionen in den einzelnen Bundesländern an. Gemeinsam ist der Interdisziplinären Frühförderung und den Frühen Hilfen die Orientierung am Kindeswohl, d.h. sekundär präventiv als Orientierung an Menschen in belasteten Lebenssituationen und als Tertiärprävention bis zu Interventionen zum direkten Schutz gefährdeter Kinder. Für die Frühen Hilfen geht es darüber hinaus mit der Aufklärung um Primärprävention.

> »Insgesamt wird aber auch deutlich, dass sich die Indikationskriterien für den Einsatz Früher Hilfen schwerpunktmäßig auf (werdende) Eltern und ihre Lebenssituation beziehen und nur sekundär auf die Kinder. Hier besteht also durchaus ein Überschneidungsbereich zwischen der Interdisziplinären Frühförderung und den Frühen Hilfen, wobei letztere vorrangig auf die Förderung der elterlichen Erziehungskompetenzen abzielen, während erstere neben der Elternberatung und -unterstützung stets die direkte Förderung der Entwicklung des Kindes umfasst« (Nationales Zentrum Frühe Hilfen, 2013, 21).

Psychosoziale Belastungen in der Familie stellen oft den Hintergrund dar, auf dem das System der Familie dekompensiert und zur Deprivation und Vernachlässigung des Kindes führen kann.

> »Aus der Sicht der Frühförderung erscheint es angezeigt, dass die Frühen Hilfen verstärkt auch auf die Kinder und mögliche Entwicklungsauffälligkeiten bzw. Förderbedarfe blicken, um rechtzeitige Zugänge zu entsprechenden Fachinstitutionen zu erleichtern z.B. Erziehungsberatungsstellen, Interdisziplinäre Frühförderstellen oder Sozialpädiatrische Zentren« (ebd., 22).

Für die Interdisziplinäre Frühförderung ebenso wie für die Frühen Hilfen hat die Förderung des Kindeswohls (s.o.) Priorität. Diese Tatsache fordert eine enge Kooperation im Sinne eines Arbeitsbündnisses geradezu ein. Hier liegt noch ein weites Feld *inklusiver Bewusstseinserweiterung* vor uns.

Bis heute ist es nur punktuell gelungen, gemeindenahe Verbundsysteme zu etablieren, die derartige Kooperationen als Selbstverständlichkeit weiterentwickeln. Neue Konzepte der Zusammenarbeit scheitern einerseits an konkurrierenden bzw. sich voneinander abgrenzenden Zuständigkeiten und in der Folge an den fachlichen Grenzen isolierter Dienste. Es ist zu hoffen, dass Rehabilitationsträger »auf Dauer nicht anders können, als sich statt administrativsektiererischer Vorgaben auf moderne zuständigkeitsübergreifende Konzepte mit einer kompetenten Koordinierung einzulassen. Hoffentlich dauert es nicht mehr zu lange« (Sohns 2010, 287). Das Stichwort *kompetente Koordinierung* ist dafür der Schlüssel, dass es in der Interdisziplinären Frühförderung, besonders in den Krippen zu keinem Qualitätsverlust der Förderung kommen darf.

13 Herausforderungen in der Zusammenarbeit zwischen der Interdisziplinären Frühförderung und Krippen bzw. Kindergärten

Durch die Zuständigkeit der Interdisziplinären Frühförderung für Kinder mit besonderen Bedürfnissen bis zum Schuleintritt ergibt sich eine Überschneidung der Tätigkeitsfelder mit einer Krippe oder einem Kindergarten, wenn diese nicht selbst die erforderliche Professionalität in der Interdisziplinären Frühförderung gewährleisten. Etliche Familien und ihre Kinder werden häufig schon vor der Aufnahme in eine Krippe von der Interdisziplinären Frühförderung begleitet. Diese muss beim Übergang in eine Krippe dementsprechend zumindest für eine gewisse Zeit zwischen zwei Orten organisiert werden. Das gilt grundsätzlich auch für etliche Kinder mit chronischen Krankheiten.

Interessant ist dazu eine spezifische Regelung in Nordrhein-Westfalen. Das dortige Kinderbildungsgesetz von 2007 wurde 2014 um den § 14a KiBiz erweitert und betrifft die Zusammenarbeit mit der Frühförderung bzw. der Umsetzung der Komplexleistung:

> »Zur Unterstützung der Förderung von Kindern mit Behinderung oder von Behinderung bedrohter Kinder arbeiten diejenigen Tageseinrichtungen für Kinder und Kindertagespflegestellen, die Kinder mit und ohne Behinde-

rung gemeinsam betreuen, unter regelmäßiger Einbeziehung der Eltern mit den Sozialhilfe-, den anderen Rehabilitationsträgern und den Leistungserbringern zusammen. Die Leistungen der Frühförderung und Komplexleistung können auch in den Räumlichkeiten der Tageseinrichtungen erbracht werden, soweit hierfür Vereinbarungen getroffen wurden und die Voraussetzungen für die Leistungserbringung in der Kindertageseinrichtung gegeben sind.« (siehe Kap. 14).

Für die meisten Kinder ergibt sich früher oder später der Übergang vom Leben in der Familie in eine Krippe oder einem Kindergarten. Dieser Übergang erfordert eine hohe Professionalität bei der Begleitung der Frühförderfachkräfte zuhause und in das neue Umfeld. Wenn man – idealerweise – davon ausgeht, dass ein Kind in seiner Familie die emotionale Geborgenheit findet, die es zu seiner Entwicklung braucht, ändern sich die Bedingungen mit dem Besuch einer Kita grundlegend.

Obwohl seit dem Erlass des Kinderförderungsgesetzes von 2008 viele neue Krippen geschaffen wurden, fand eine öffentliche und qualitätsorientierte Diskussion als Voraussetzung für Inklusion nicht statt, als ob die Behindertenrechtskonvention in der Krippe irrelevant wäre. Es besteht heute kein Zweifel daran, dass ein Säugling oder Kleinkind tragende Bindungen zu mehreren Personen entwickeln kann. Die Fähigkeit, auch mit außerfamiliären Personen Kontakt aufzunehmen, gewinnt mit zunehmendem Alter an Bedeutung (Largo, 2004, 89). Entscheidend sind dabei jedoch die Fähigkeit und Sensibilität der Mitarbeiterinnen und Mitarbeiter in Krippen, sich auf das Temperament und die aktiven Impulse einzulassen, die vom Kind ausgehen, und es damit zugleich vor unangemessenen Interaktionen bewahren. Die Voraussetzungen dafür sind »Zuwendung, Sicherheit, Stressreduktion, Assistenz und Explorationsunterstützung« (Ahnert, 2007, 62),, Zeit und Geduld. Aus entwicklungspsychologischer Perspektive hat bis zum Alter von ca. 3 Jahren die Abhängigkeit des Kindes von spezifischen Bezugspersonen noch eine tragende Bedeutung, die für die Krippenorganisation Berücksichtigung finden muss. Daraus folgt, die Verfügbarkeit über eine konstante Bezugsperson in der Krippe ist umso notwendiger je jünger ein Kind und je ausgeprägter sein Unterstützungsbedarf ist.

Neben diesem grundlegenden Bedürfnis, sich auf feste Bindungen beziehen zu können, verändern sich generell die alltagsbezogenen Aktivitäten zwischen dem 7. und dem 36. Lebensmonat erheblich. Die Erfüllung der Grundbedürfnisse, motorisch aktiv zu sein und zu kommunizieren, unabhängig von den entsprechenden Kompetenzen, ist die Voraussetzung für das Gefühl der Selbstwirksamkeit. Damit verbunden ist das sich erweiternde Interesse an Teilhabe und Austausch als Grundvoraussetzung von Inklusion (ausführlich Kap. 10.1). Somit besteht – je jünger das Kind ist – umso mehr die Notwendigkeit, dass nonverbale Ausdrucksformen differenziert durch die betreuenden Fachkräfte wahrgenommen und als Angebot zu Kommunikation und Kooperation aufgegriffen und erweitert werden. »Kriterien für eine ›hochwertige Praxis‹ mit Kindern unter 3 Jahren setzen fundiertes Wissen über dieses Lebensalter voraus, ebenso wie eine entsprechende Handlungskompetenz« (vgl. Leu und v. Behr, 2010, 13). Diese schließt gegenüber dem Kindergartenalter die Kenntnisse über körperliche Pflege und altersangemessene Ernährung in der Spanne von völliger Abhängigkeit von den Bezugspersonen bis zu weitgehender Selbstständigkeit ein. Damit bieten aber gerade diese häufig wiederkehrenden Zeiträume der 1:1-Situationen des Fütterns, Waschens, Wickelns etc. eine besondere Chance zum Aufbau von Bindung und zur Förderung des Bedürfnisses nach Kommunikation sowie nach ganzkörperlicher und sensomotorischer Erfahrung.

Die Philosophie der Inklusion macht zwischen Kindern keinen Unterschied. *Das bedeutet, dass die Entwicklungsbedürfnisse der Kinder, die im Rahmen der Frühförderung begleitet werden, auch in der Krippe erfüllt werden müssen.* Das zu verwirklichen kann heute nur als eine große gesellschaftliche Herausforderung für die Zukunft betrachtet werden, wenn nicht Etikettenschwindel betrieben wird. Aber es ergibt sich gerade jetzt die Chance, wo unter dem Anspruch der Inklusion immer mehr Krippen entstehen und zu arbeiten beginnen, die Breite aller notwendigen Erfordernisse zu präzisieren, damit wirklich alle Kinder aufgenommen werden können. Das beinhaltet die Forderung, dass sich eine Krippe so organisieren muss, dass sie – entsprechend dem Diversity-Ansatz – den Entwicklungsbedürfnissen jeden einzelnen Kindes gerecht werden kann. Damit wird zugleich eine elementar wichtige Erkenntnis ins Blickfeld gerückt, die sowohl die Frühpädagogik wie auch die Frühförderung betrifft. Kindliche Entwicklung vollzieht sich grundsätzlich nach den gleichen Prinzipien, unabhängig davon, ob ein Kind als »*auffällig – behindert – normal*« angesehen wird. Allerdings vollzieht sich die individuelle Entwicklung sehr unterschiedlich, d. h. eben auch unter *erschwerten Bedingungen*. Diese Unterschiedlichkeit bedeutet Vielfalt bzw. Diversity. Bedingungen aber sind beeinflussbar.

Das erfordert professionelles Wissen. »Die Unterstützung ihrer Integration in den Kindergarten erfordert ein grundlegendes Wissen um diese Entwicklungsprobleme und spezifische Möglichkeiten der Anpassung an den Hilfebedarf der Kinder« (Sarimski 2012, 127). Im Umgang mit Kindern, deren Entwicklung aus unterschiedlichsten Gründen beeinträchtigt ist, sind es nicht allein die behinderungs-spezifischen, die syndrom-spezifischen oder krankheitsspezifischen (chronischen) Entwicklungsprobleme, die den Alltag bestimmen, sondern Entwicklungseinschränkungen kommen in unterschiedlicher Ausprägung und in unterschiedlichem Zusammenwirken vor. Sie können nicht nur abstrakt, d. h. allein an einer Diagnose orientiert, sondern vor allem auch auf der individuellen Ebene im Alltag festgestellt werden. Es geht jeweils um grundsätzliche Fragen, die beide Arbeitsfelder betreffen. In der Praxis der Interdisziplinären Frühförderung haben sich unterschiedliche Methoden von Förderung und Therapie bewährt, die sich auf Kinder mit spezifischen Einschränkungen ihrer Partizipationsmöglichkeiten beziehen, wie z. B. Kinder mit Cerebralparesen, Kinder mit Autismus Spektrum Störungen, Kinder mit Spina bifida, mit Schäden durch fetales Alkoholsyndrom (FAS), sehr früh geborene Kinder, Kinder mit verlangsamter Entwicklung, mit chronischen körperlichen Einschränkungen und viele andere mehr. Es besteht kein Zweifel daran, dass diese professionell begründeten (kategorisierenden) und zum Teil empirisch bestätigten Vorgehensweisen für das einzelne Kind unverzichtbar sind. Es geht darum, *wie* die Individualisierung der Förderung und Therapie zugleich in gemeinsames Spiel und Lernsituationen eingebunden werden kann.

Die große Chance der Interdisziplinären Frühförderung besteht in der Einbettung in den Alltag, an der Partizipation im Familienleben (siehe Kap. 10.2), besonders dann, wenn sie als Hausfrühförderung sowohl für pädagogische als auch therapeutische und ggf. psychosoziale Begleitung interdisziplinär als Komplexleistung organisiert ist. Die Nutzung der alltäglichen Routine mit regelmäßig wiederkehrenden Abläufen ist die Matrix, in der das Kind mit seinen Bezugspersonen und seiner Umwelt interagiert. Die Gestaltung der individuellen Unterstützung und die Anpassung der Umgebung sind die wichtigsten Voraussetzungen dafür. Diese Vorgehensweisen müssen kritisch dahingehend analysiert werden, wie sie sich in den Alltag einer Krippe übertragen lassen. Sie sollten für Partizipationsmöglichkeiten in einer neuen Lebenswelt im Sinne der Inklusion erschlossen werden können.

14 Erforderliche Fachlichkeit für inklusiv arbeitende Krippen und Kindergärten

Wenn man davon ausgeht, dass nur wenige Krippen und Kindergärten über fest angestellte Frühförderfachkräfte verfügen, besteht hier ein weites Arbeitsfeld jenseits der Arbeit in der Familie. Neben den beschriebenen spezifischen Einschränkungen der kindlichen Entwicklung gibt es viele Probleme im Alltag, mit denen die Frühförderung häufig konfrontiert ist. Gerade bei Babys und sehr jungen Kindern stellen alltägliche Fragen der Ernährbarkeit, der Belastbarkeit, des Lebens mit körperlichen Einschränkungen eine pädagogische, meist auch pflegerische Herausforderung dar. Bei vielen Kindern, deren Gesamtentwicklung langsamer als bei den meisten anderen verläuft, verlängert sich die Phase der Abhängigkeit. Es geht um folgende grundsätzliche Fragen:

- Welche Vorgehensweisen haben sich in der interdisziplinären Frühförderung in der Familie als sinnvoll und hilfreich erwiesen?
- Wie können in der interdisziplinären Frühförderung Kompetenzen eines Kindes entdeckt und weiterentwickelt werden, die es auf spätere Peer-Situationen in der Krippe/Kindergarten vorbereiten?
- Wie können diese Erfahrungen an pädagogischer, therapeutischer und psychosozialer Begleitung des einzelnen Kindes und seiner Familie in der Arbeit in einer Krippe/Kindergarten modifiziert und fortgeführt werden?
- Wie können in einer Krippe/Kindergarten sowie einer Interdisziplinären Frühförderstelle fachlich aufeinander abgestimmte Sicht- und Vorgehensweisen erarbeitet werden, wobei beide Einrichtungen die Eltern einbeziehen (Arbeit im »Dreieck« an zwei Standorten)?

Dies sind Fragen, die die Interdisziplinäre Frühförderung und die Krippen für sich und ebenso gemeinsam klären müssen. Zudem kann man nur dann sinnvoll inklusiv arbeiten, wenn es in der Zusammenarbeit gemeinsam gelingt, die Familie und deren Lebensgestaltung in ihre Arbeitskonzepte einzubeziehen. Selbst wenn bei einem Kind eine sehr schwere funktionelle Einschränkung besteht, ist auch in dieser Abhängigkeit das Dabeisein mit seinem Anregungscharakter für neue Aktivitäten von Bedeutung (siehe Kap. 5). Eine solche verlängerte Phase der Assistenz erfordert eine integrierte (heil-) pädagogische und therapeutische Vorgehensweise, um die Entwicklung der Eigenaktivität und der Selbstständigkeit zu fördern. Das erfordert einen höheren Personalaufwand, verbunden mit einem höheren Bedarf an Strukturierung, Betreuung und Förderung auf der Grundlage fachlicher Kenntnisse. Sarimski hebt hervor, dass die unterschiedlichen Beeinträchtigungen der Kinder individuell »je eigene Auswirkungen auf den Entwicklungsverlauf und die Entwicklung ihrer sozialen Beziehungen« haben (Sarimski 2012, 127).

Die Literatur über Konzeptionen zum Übergang von Kindern in die Krippe oder Kindergarten und zur deren Begleitung ist wenig aufschlussreich, obwohl in der Tat sehr häufig zusammengearbeitet wird. Zwei Modellversuche in Nordrhein-Westfalen liefern die fundiertesten Erfahrungen und waren vermutlich der Anlass zur o. g. Änderung des § 14a im KiBiz in Nordrhein Westphalen.

Im Rheinland wurde in den Jahren zwischen 2008 und 2011 ein Modellversuch zur Bildung, Betreuung und Förderung von Kindern mit Behinderung unter drei Jahren in der Krippe durchgeführt. Die Ergebnisse sind für das Thema wichtig.

> »Die Frühförderung ist und bleibt die erste und daher besonders wichtige Institution für die Eltern und Kinder. Sie verfügt über eine differenzierte Diagnostik und spezifische Erfahrungen in der Förderung des jeweiligen Kindes. Deshalb muss sie auch in den Prozess des Übergangs einbezogen werden. Dies darf nicht an finanziellen Regelungen scheitern« (LVR-Projekt, 2011, 50).

Der Bericht über einen Modellversuch in Westfalen-Lippe resümiert ähnlich: »Die Untersuchung zeigte deutlich die Bedeutsamkeit der Weiterführung von Frühförderung auch nach Aufnahme des Kindes in die Kita« (Seitz & Korff 2008, 36). Die Autorinnen empfehlen auf Grund ihrer Erfahrungen, dass eine Einbindung der Frühförderfachkräfte (auch der Therapeutinnen und Therapeuten) in den Gruppenalltag »ertragreich« wäre (ebd., 28). »Eine heterogene Gruppe ... ist eine zentral bedeutsame günstige Voraussetzung für eine qualitativ hochwertige Betreuung, Erziehung und Bildung mit U3-Kindern mit Hilfebedarf [...]« (ebd., 36).

In Bayern werden von 21,2 % der Interdisziplinären Frühförderstellen Fachdienstleistungen erbracht, die in integrativen Kindertageseinrichtungen oder im Zuge der Einzelintegration von Kindern notwendig sind. Es handelt sich meist um Einzelvereinbarungen, so dass sich darüber »kein einheitliches organisatorisches Bild« gewinnen lässt (FRANZL III, 2010, 19).

Wichtige Aussagen zur Zusammenarbeit beider Einrichtungen machen Thurmair und Naggl. »Wenn Frühförderung unter diesen Bedingungen weiter geführt wird, bedarf es eines *unter diesen Hinsichten neu erarbeiteten Konzeptes* für die Förderung und die Zusammenarbeit mit den Eltern« (2003, 229, Hervorhebung J.K.) .

In allen zitierten Untersuchungen wird deutlich, dass eine Zusammenarbeit beider Einrichtungstypen, insbesondere bei sehr jungen Kindern, unabdingbar notwendig ist und eine hohe Qualität voraussetzt. Das ist umso wichtiger, je weniger eine Kindertageseinrichtung über spezifische Fachlichkeit(en) verfügt.

> »Damit eine inklusive Betreuung von Kindern mit Behinderungen in diesem frühen Alter gelingt, müssen die Gruppengröße, ihre Zusammensetzung und der Personalschlüssel so gestaltet sein, dass die Fachkräfte die Möglichkeit haben, auf die individuellen Hilfe- und Förderbedürfnisse der Kinder einzugehen« (Sarimski et al. 2013, 201).

Resümierend lässt sich klar feststellen, dass für die bestmögliche Förderung der Kinder eine Zusammenarbeit unumgänglich ist, wenn überhaupt Inklusion angestrebt wird. Aus US-amerikanischer Perspektive wird zudem herausgestellt, dass auch »Vorschulprogramme« mit halbtägiger oder längerer Betreuung die begleitende Unterstützung der Familien nicht ersetzen können (Guralnick 2011, 22/23).

In Hessen wurde in den 90er Jahren des vorigen Jahrhunderts begonnen, eine heilpädagogische Fachberatung aufzubauen. Die Expertise dafür wurde aus den Frühförderstellen rekrutiert. Bei dieser Kooperation ging es sowohl um die Verbesserung der Früherkennung von problematischen Entwicklungsverläufen einzelner Kinder als auch um die konkrete Unterstützung von Kindern mit besonderen Bedarfen vor Ort. Dazu konkretisiert in einer *Schriftenreihe die LAG Frühe Hilfen Hessen 2 (2012)* die Möglichkeiten von Frühförderstellen als Kooperationspartner von Kindertageseinrichtungen. Handlungsfelder und Inhalte der Zusammenarbeit sind ebenso ausführlich beschrieben wie Qualitätsfaktoren.

»[...] die Kooperation der Fachkräfte dient also sowohl der Verbesserung der Früherkennung von problematischen Entwicklungsverläufen einzelner Kinder als auch der konkreten Unterstützung von Kindern mit besonderen Bedarfen vor Ort. Im Rahmen der Zusammenarbeit können Hilfeerfordernisse frühzeitig erkannt und Unterstützungsbedarfe ermittelt werden. Darauf aufbauend können passende Förderangebote und Partizipationshilfen gemeinsam entwickelt und umgesetzt werden« (2012, 43).

2013 wurde ein Evaluationsprojekt dieser Zusammenarbeit begonnen. Im Ergebnis wurde bei den befragten Mitarbeiterinnen in den Kitas eine hohe Zufriedenheit (94 % der Befragten) berichtet. Es »kann die heilpädagogische Fachberatung dazu beitragen, besondere Bedarfe bei den Kindern aufzuzeigen und den Gedanken der Inklusion für das individuelle Kind in konkrete Handlungskonzepte umzusetzen« (Kratz und Klein, 2019, 173). Damit kann bedarfsgerechte Arbeit an zwei Standorten verbunden sein. »Kinder mit besonderen Bedarfen und ihre Familien erhalten Leistungen im Rahmen dieses Systems flexibel, sowohl mobil-ambulant im häuslichen Setting als im Zusammenwirken mit der Frühpädagogik in den Kinderbetreuungseinrichtungen selbst« (ebenda 174,175).

15 Grundlagen der Interdisziplinären Frühförderung im Studium der Frühpädagogik

Die Frühpädagogik – so ist aus den meisten Curricula ersichtlich – sieht sich der Inklusion verpflichtet, d. h. den Forderungen, die sich aus der Behindertenrechtskonvention ergeben. Das bedeutet vom Anspruch her, dass einerseits alle Kinder – dementsprechend auch Kinder mit Beeinträchtigung – das gleiche Recht auf Partizipation und Inklusion haben bei individuell sehr unterschiedlichen Entwicklungsbedürfnissen. Unter den in den letzten ca. 20 Jahren entstandenen, inzwischen weit mehr als 100 Studiengängen der

Frühpädagogik bietet nur ein verschwindend kleiner Teil eine ausführliche Auseinandersetzung über Kinder mit besonderen Entwicklungsbedürfnissen an (Kühl, 2015).

In der Frühpädagogik werden die Studiengänge qualitativ zunehmend am Anspruch der Inklusion, an der Diversity, also der großen Unterschiedlichkeit unter den einzelnen Kindern ausgerichtet. Demzufolge wird einem Kind seine »Zugehörigkeit und Anerkennung nicht über Leistungshierarchien vermittelt werden, sondern per se jedem Kind in seiner unvergleichlichen Einzigartigkeit zukommen« (Prengel 2014, 20). Somit entzieht sich die konsequent angewandte Frühpädagogik der Anwendung von Klassifizierungen und Etikettierungen. »Mit ihrer Emphase für Gleichheit und Verschiedenheit weist Inklusive Pädagogik einen engen Bezug zum Kerngedanken der Philosophie der Menschenrechte und der Menschenrechtsbildung, der ›gleichen Freiheit‹ auf« (ebd., 21). Frühpädagogik rückt damit soziale Zugehörigkeit und Partizipation in frühen Lebensjahren in den Vordergrund, lässt dabei die Art der Einbeziehung von Kindern mit besonderen Entwicklungsbedürfnissen aber weitgehend offen.

Die Aufgabe und zugleich die Stärke der Frühpädagogik ist konzeptionell die Arbeit mit heterogen zusammengesetzten Kindergruppen, die entsprechend der unterschiedlichsten individuellen Bedürfnisse der Kinder gestaltet werden können. Damit kann für ein neu aufgenommenes Kind die Erfahrung aus der Einzelsituation in die Peer-Gruppe hinein angebahnt und begleitet und so die Partizipation am Kitaalltag erschlossen werden. In positivem Sinn werden hiermit neue Lernerfahrungen und soziale Erfahrungen jenseits der Kleinfamilie und jenseits der auf das einzelne Kind fokussierenden Frühförderung in einem neuen Kontext ermöglicht, quasi als Wegbereiter für eine erweiterte gesellschaftliche Partizipation. Mit der Heterogenität der Gruppen geht jedoch zugleich die Gefahr einher, dass geplant oder ungewollt Kategorisierungen stattfinden, Unterscheidungen gemacht werden. Diese Gefahr der Abgrenzungen und damit der Etikettierung kann sich wiederum im Verhalten gegenüber den Kindern auswirken. Andererseits sind

Differenzierungen in der unterstützenden Begleitung notwendig, um den einzelnen Kindern gerecht werden zu können. Es ist offensichtlich, dass in dieser Ambiguität ein *Gefahrenfeld* zwischen Inklusion und ungewollter Exklusion besteht, für das eine hohe Sensibilität der Fachkräfte erforderlich ist (siehe Kap. 8.3)

Bei einer kritischen Betrachtung dieser unterschiedlichen Blickwinkel auf die frühpädagogischen Studienangebote und der Einbeziehung von besonderen Entwicklungsbedürfnissen in nur *wenigen Curricula* stellt sich die Frage, ob hierbei die Abgrenzung von heilpädagogischen und auch interdisziplinären Sichtweisen in Hinblick auf Kinder mit Behinderungen eine Rolle spielt. *(Heil-)pädagogische Leistungen* und *Interdisziplinäre Zusammenarbeit* gehören zu den Qualitätsmerkmalen der Interdisziplinären Frühförderung. Es besteht kein grundsätzlicher Zweifel an der Notwendigkeit ihres individualisierten Einsatzes. Drückt sich hier eine Distanzierung im Zusammenhang mit dem beschriebenen Ressourcen-Etikettierungs-Dilemma aus (siehe auch Simon, Kap. 8.2: Notwendige Akteure). Simone Seitz lässt diese Vermutung anklingen. »Die Rechtfertigung der Leistungen der Frühförderung über Kind bezogene Defizite ist im Hinblick auf Inklusion ein *Qualitätshindernis*. Es sollten Modelle systemischer Ressourcenzuweisung entwickelt werden« (Seitz 2012, 320, Hervorhebung J.K.). Es stellt sich die Frage, ob eine Zuordnung der Interdisziplinären Frühförderung zum SGB VIII (KJHG) (siehe Kap. 1 und Kap. 8.1) diese Diskrepanz im Sinne einer »systemischen Ressourcenzuweisung« überwinden kann.

16 Inklusion: Konsequenzen für die Ausbildung aller in der Frühförderung tätigen Fachkräfte

Bis heute gibt es keine allgemein verbindlichen Inhalte für ein einheitliches Berufsbild Frühförderung. Auch wenn seit einigen Jahren Bachelorstudiengänge angeboten werden (Berlin, Hamburg, Köln) und es einen Masterstudiengang (Nordhausen) gibt, sind bundesweit die primären Ausgangsberufe höchst unterschiedlich. Sie werden später meist durch spezifische Qualifizierungen ergänzt. Die VIFF veröffentlichte 2005 ein umfassendes Curriculum einer qualifizierenden Weiterbildung, das aus Kostengründen für die Teilnehmer und Teilnehmerinnen nur gelegentlich angeboten wurde. Die o. g. Studiengänge orientierten sich teilweise daran. Die Veränderungen für die Interdisziplinäre Frühförderung im Zusammenhang mit der Inklusion verdeutlichen, dass es an der Zeit ist, »über eine Professionalisierung des Berufs der Frühförderung nachzudenken bzw. sie zu fordern« (Ludwig-Körner, 2016, 351).

Es kann hier angesichts der Herausforderung durch Inklusion nicht um einen Katalog von Ausbildungsinhalten gehen, die den einzelnen Professionen für die Arbeit in der Interdisziplinären Frühförderung zugrunde liegen bzw. liegen sollten. Es geht vielmehr um die Frage, inwieweit der *Fokus Inklusion* diese Inhalte erweitert.

Schon deutlich vor Inkrafttreten der Behindertenrechtskonvention standen die Individualität und die Kompetenzen eines Kindes gegenüber einer verallgemeinernden Defizitsicht im Vordergrund. Ebenso war die Bedeutung der Einbettung eines Kindes in den familiären und weiteren sozialen Kontext (Natural Environment) schon lange im Blickfeld. Die Erkundung von Resilienzfaktoren beim Kind und in der Familie erweitern die Perspektive zusätzlich. Diese Herangehensweise in der Frühförderarbeit schließt die gründliche Auseinandersetzung mit den vielfältigen pathogenen somatischen als auch psychosozialen Faktoren in der Entwicklung sowie eine entsprechende Diagnostik ein (im Gegensatz zu einer ausschließlichen »Defizitdiagnose«). Im Rahmen der ICF werden diese Komponenten zusammengeführt, um einen den Gegebenheiten der Familie und Kita angepassten zukunftsorientierten Plan zu entwickeln. Eine multiprofessionelle Zusammenarbeit zu einem interdisziplinären oder auch transdisziplinären Projekt gilt als unabdingbar notwendig für eine zeitgemäße Frühförderung. Für die Annäherung an inklusives Handeln bedarf es der Reflexion der einzelnen fachlichen Inhalte unter Schwerpunkten, die sich aus der Menschenrechtscharta und den folgenden Konventionen ergeben. Daraus leiten sich Konsequenzen für professionelles Handeln ab. Es geht weniger um *neue* Inhalte, sondern um deren Überprüfung für *eine zu erarbeitende ethische Grundlage*, auf deren Boden sich Inklusion entfalten kann. Dazu werden hier zwei wichtige Felder umrissen.

Eingangs wurde der § 1 der UN-Menschenrechtscharta »Alle Menschen sind frei und gleich an Würde und Rechten geboren« in den Mittelpunkt aller folgenden Weiterentwicklungen gestellt. Das führte in Etappen über die folgenden Jahrzehnte zur UN-BRK und zu der hier bearbeiteten Thematik der Inklusion. Die notwendige Grundlage professionellen Handelns ist die bewusste Berücksichtigung der grundlegenden Prinzipien *Würde, Wohl* und *Recht eines Kindes* als inklusive Haltung. Deswegen bedarf es für alle Fachleute in der Interdisziplinären Frühförderung zunächst einer Auseinandersetzung mit der Frage, was sie unter der *Würde* eines Kindes von seiner Geburt an verstehen. Die Achtung seiner Würde *schließt aus*, ein Kind als Objekt der Förderung bzw. Therapie zu betrachten, es zu instrumentalisieren, es einer Intervention um ihrer selbst willen auszusetzen. Es geht um die Anerkennung als eigenständige Person! Das Kind ist ein gleichberechtigter Interaktionspartner, dem im Rahmen professionellen Handelns ein eigener *Gestaltungsraum* zusteht. Dafür ist die zwischenmenschliche Beziehung die entscheidende Voraussetzung. Nur auf dieser Grundlage kann die Achtung der Würde eines anderen Menschen wachsen. Die kindliche Würde und die Achtung der kindlichen Persönlichkeit ergeben sich ausschließlich durch die Anderen, deren Empathie und Offenheit gegenüber Kindern, d. h. aus deren *besonderer professioneller Verantwortung als Fachleute*.

Das *Kindeswohl* zu beachten und zu fördern ist die selbstverständliche Grundlage, auf die Frühförderung sich beziehen muss. Es geht um die Sicherstellung der elementaren Grundbedürfnisse eines Kindes wie auch derjenigen der Familie (siehe Kap. 10. und Kap. 10.1).

Beim dritten Prinzip geht es um die Klärung der Frage, was ein Kind zu einer *Person* mit *Rechten* macht, die dementsprechend *freie Entscheidungen* treffen kann. Eine *Freiheit* besteht für ein Kind in dem Maße, indem es seine *Freiheitsgrade* wahrnehmen kann, und in der Weise, *wie sie ihm als Freiraum zum Handeln zugestanden werden.* Professionalität muss sich dementsprechend ebenso an den Befindlichkeitsäußerungen und Aktivitäten eines Kindes orientieren wie auch an fachlich (daran angepassten) Methoden. Auch ein Kind mit einer schweren Entwicklungsbeeinträchtigung hat den Status einer Person und kann verdeutlichen, welche Interaktionen seinem emotionalen Entwicklungsstand, seinem Wohl(-befinden) entsprechen oder eben nicht entsprechen, und damit dann produktiv und vorwärtsweisend sind. Das kann als Anbahnung von Inklusion im Rahmen der individuellen Möglichkeiten gesehen werden, auch wenn man dabei immer wieder an Grenzen stößt. Inklusion ist kein Zustand, sondern immer aufs Neue eine Herausforderung (siehe Kap. 10.1–10.3).

Auf dem Boden der Menschenrechtscharta entstand die Behindertenrechtskonvention. Sie kennzeichnet in ihrer Präambel die Bedeutung der Familie, u. a. »um es den Familien zu ermöglichen, zum vollen und gleichberechtigten Genuss der Rechte der Menschen mit Behinderungen beizutragen (Präambel x.). Was das für die Inklusion bedeutet, wird besonders bei Familien in prekären Lebensverhältnissen erkennbar. Sie »müssen sich daher mehr als bisher (wieder) in soziale Strukturen und Netzwerke eingebunden fühlen können, in denen sie erleben und erfahren, dass das ›Erziehungsgeschäft‹ nicht nur ihre Aufgabe ist, sondern eine solidarisch geteilte Aufgabe« (Weiß 2007, 85).

Im Fokus allen professionellen Handelns im Sinne von Inklusion stehen dementsprechend die Beziehungen eines Kindes innerhalb seiner Familie, d. h. seine alltägliche Einbeziehung im dialogischen Austausch.

Diese systemische (humanistische) Sichtweise der Interdisziplinären Frühförderung bedeutet letztendlich, dass das wachsende Ausmaß an Partizipation eines Kindes an seiner Lebenswelt ein entscheidender Maßstab für seine Inklusion ist (siehe Kap. 5). Wegbegleiter dahin sind die Orientierung zur Ermöglichung von Aktivität und Eigeninitiative. Letztere bedeuten Teilnahme und Sich-Einbringen in partizipative Dialoge. Gleichrangig bedeutsam ist die Begleitung der Eltern bei einem Übergang ihres Kindes von der Familie in die Krippe. Dieser Systemwechsel ist ein weiterer entscheidender Schritt hin zur gesellschaftlichen Inklusion. Wie er fachlich qualitativ gestaltet wird, ist deswegen entscheidend. Für die inklusive Arbeit in der Krippe und im Kindergarten gilt dieselbe ethische Neubestimmung, d. h. die Orientierung an der Menschenwürde, am Kindeswohl und an den Kinderrechten.

Für die Professionalität im Sinne von Inklusion ergeben sich zwei Schlussfolgerungen:

Die reflektierte Einstellung gegenüber der Würde, dem Wohl und dem Recht eines Kindes, seiner Selbstbestimmung und seiner Bildung innerhalb seiner Familie und seiner weiteren Lebenswelt (Krippe, Kindergarten) kennzeichnen eine professionelle Halt in der Frühförderarbeit im Sinne der Inklusion.

Ein Kind kann seine Würde, sein Wohl und sein Recht nicht einfordern. Deswegen ist deren Be-Achtung durch Erwachsene, d. h. durch alle in der Frühförderung Tätigen, die Voraussetzung für verantwortungsvolles professionelles inklusives Handeln.

17 Schlussbetrachtung

Die Frühförderung für Babys und kleine Kinder existiert in unterschiedlichen Organisationsformen seit Jahrzehnten. Bis heute hat die konkrete Arbeit mit Kindern und Familien etliche Wandlungen durchlaufen. Inklusion erfordert nicht, bisherige Konzepte zu verwerfen, aber die Arbeitskonzepte in Hinblick auf Inklusion zu reflektieren und neu zu positionieren. Im Zentrum stehen das Kind mit besonderen Entwicklungsbedürfnissen, aber immer auch seine

Familie bzw. seine Bezugspersonen als eigenständig handelnde Personen mit ihrer je eigenen Würde und in ihrem oft problembelasteten sozialen Umfeld. Es geht – wie beschrieben – um das zu entdeckende *Entwicklungspotenzial* eines Kindes und die *inkludierenden Fähigkeiten und Möglichkeiten* der Eltern bei wechselseitiger Anerkennung und Wertschätzung aller Beteiligten (siehe Kap. 10.3). In der hier vorgelegten detaillierten Auseinandersetzung wurde der Hintergrund für inklusives Arbeiten als erweiterte und damit auch als *neue Perspektive ethischen und praktischen Handelns* für die Frühförderung dargestellt und begründet. *Arbeit und Planung in der interdisziplinären Frühförderung müssen kontext-orientiert und zukunft-orientiert Inklusion im Fokus haben.* Das geschieht heute (2020) in einer gesamtgesellschaftlichen beunruhigenden Atmosphäre, die sich leider eher gegenläufig zu inklusivem Denken und Handeln präsentiert.

Schon vor der Verabschiedung der Behindertenrechtskonvention begründete die UN-Kinderrechtskonvention von 1989 (deutsch 1992) in ihrer Präambel, »dass Kinder Anspruch auf besondere Fürsorge und Unterstützung haben, überzeugt, dass der Familie als Grundeinheit der Gesellschaft und natürlicher Umgebung für das Wachsen und Gedeihen aller ihrer Mitglieder, insbesondere der Kinder, der erforderliche Schutz und Beistand gewährt werden sollte, damit sie ihre Aufgaben innerhalb der Gemeinschaft voll erfüllen kann« und dass ein Kind »in einer Familie und umgeben von Glück, Liebe und Verständnis aufwachsen sollte« (siehe Kap. 9). Diese Herausforderungen bewegen sich für alle Fachkräfte der Frühförderung in der alltäglichen Realität zwischen den Polen der Ermöglichung inklusiver Bedingungen und drohender exkludierender Situationen und Barrieren. Dazu wurde versucht, das *Entwicklungspotenzial* eines Kindes und die *inkludierenden Fähigkeiten und Möglichkeiten* einer Familie in Beziehung zu setzen. Diese wiederum sind abhängig von der Art und Weise, wie die Familie in das Netzwerk ihres Lebensumfeldes eingebettet ist.

Frühförderinnen und Frühförderer beginnen ihre inklusive Arbeit für das Kind dort, wo sie es kennenlernen und wo es lebt.

Hier öffnet sich das Spannungsfeld zwischen möglicher Inklusion und drohender Exklusion. Dafür ist die Interdisziplinäre Frühförderung insofern mitverantwortlich, als sie das Kind und seine Familie in eine exponierte »besondere« Situation bringt. Sie ist aber auch dafür mitverantwortlich, wie sich Inklusion sowohl in der Familie als auch in Krippe und Kindergarten im Zeitraum der ersten 6 Lebensjahre verwirklichen lässt. Hier hat sich ein weites Feld qualitativer Weiterentwicklung geöffnet, für das die Frühfördereinrichtungen mit ihren unterschiedlichen Fachkräften als kompetente Kooperationspartner zu Verfügung stehen müssen. Wo das gelingt, bleibt Inklusion keine Leerformel, sondern wird gelebter Alltag. Diese Arbeit ist anspruchsvoll. Und dafür sind strukturelle Bedingungen (Qualifikation der Fachleute, hinreichende zeitliche und sonstige Bedingungen in der Zusammenarbeit mit der Familie, administrative Maßnahmen gegen Familienarmut etc.) entscheidend.

Rückblickend in die »Geschichte der Frühförderung« kann man feststellen, dass die Bedeutung der Familienorientierung schon früh beschrieben wurde. Im Sammelband der erwähnten Tagung »Frühe Hilfen –Wirksamste Hilfen« von 1975 findet sich folgendes Zitat: »Die Förderung des jungen behinderten Kindes in der Familie gründet sich in erster Linie auf der gefühlsmäßigen Zuwendung: Diese kleinen Kinder werden in aller Regel nur dann ›erreichbar‹ sein, wenn alles, was mit ihnen geschieht, eingebettet ist in mitmenschliche Nähe, Wärme und Zuversicht« (Thomae, 1975, 129).

Mit einer Passage aus der Behindertenrechtskonvention sollen die Gedanken über Inklusion abgeschlossen werden. Sie beschreibt als Grundlage aller Unterstützung das sichere Gefühl jedes einzelnen Menschen, wichtig zu sein, Teil einer Familie, einer Gruppe und einer Gesellschaft zu sein als: »enhanced sense of belonging« »ihr Zugehörigkeitsgefühl (zu) verstärken« (Präambel m). Das ist die tiefere Bedeutung von Inklusion. Das darf keine Utopie sein!

Frühförderung ist der früheste Schlüssel zu einem inklusiven Lebensweg. Dabei hat sich die anfängliche Zentrierung auf das Einzelkind zu einer systemisch-ökologischen Perspektive (ICF) erweitert. Dafür muss die Interdisziplinäre Frühförderung sich selbst und anderen viel mehr Bewusstsein verschaffen und sich in diesem Sinne qualitativ wie auch kooperativ weiter entwickeln können. Das ist eine fachlich begründbare Forderung, gerichtet an alle politischen Verantwortlichen, diesen für Inklusion unabdingbaren Handlungsrahmen zu gewährleisten.

Nachwort als »Linguistischer Epilog«

Es ist offensichtlich, dass auf dem Weg zur Inklusion noch viel »Entwicklungsarbeit« geleistet werden muss. Deswegen ist es wichtig, auch sprachliche Formulierungen genauer zu bedenken, die das Handeln bestimmen. In Verlaufe dieses Beitrags ist deutlich geworden, dass die Wortwahl nicht immer einfach ist (siehe Kap. 8.2).

Warum haben Krippen oder Kindergärten, die sich als »inklusiv« bezeichnen, meist keine Konzeption, in der für Kinder mit Beeinträchtigung Entwicklung Förderung und Therapie selbstverständlich sind? Warum werden sie oft als »Inklusionskinder« gekennzeichnet? Sind nach dem pädagogischen Grundverständnis der Diversität nicht *alle* Kinder in einer inklusiven Gruppe Inklusionskinder? Was für ein Verständnis von Inklusion verbirgt sich dahinter? Hier wird ein bestimmtes Kind einer angeblich inklusiven Gruppe exkludierend kategorisiert. Dieses Paradoxon beleuchtet treffend, wie notwendig eine tiefergehende Reflexion des professionellen Denkens und Handelns ist, wenn Inklusion ernsthaft verwirklicht werden soll.

Das der Inklusion zugrunde liegende Dokument – die UN-Behindertenrechtskonvention – wirft bezogen auf die sprachlichen Formulierungen ebenso Fragen auf. Dazu sollen zwei Beobachtungen zum Umgang mit der englischen Sprache und ihrer Übersetzung ins Deutsche in den Raum gestellt werden. Ausgangspunkt der ersten Frage ist der Titel der englischsprachigen Fassung der Behindertenrechtskonvention und deren offizielle Übersetzung:

»Convention of the United Nations on the rights of *persons* with disabilities« – »Übereinkommen der Vereinten Nationen über die Rechte von *Menschen* mit Behinderungen« (Hervorh J.K.)

Im Titel der Konvention fällt auf, dass der englische Begriff »persons« ins Deutsche mit »Menschen« übersetzt ist. Das ist korrekt. Aber die zweite mögliche und ebenso korrekte Übersetzung ins Deutsche als »Personen« hätte inhaltlich bedeutet, dass eine natürliche Person – als Status – ein *Rechtsbegriff* ist. Nach BGB § 1 heißt es: »Mit der Vollendung seiner Geburt wird ein Mensch rechtsfähig.« Zu dieser eindeutigen gesetzlichen Aussage gibt es keine Einschränkungen. Die Rechtsfähigkeit gilt als Ausdruck dessen, dass es sich um ein *Subjekt* mit *personaler Würde* handelt. Wie sie dann von einer Person wahrgenommen werden kann, ist eine andere Frage, die mit der Übersetzung nichts zu tun hat (siehe Kap. 3., aus dem hervorgeht, dass Kinderrechte im GG nicht verankert sind). Es bleibt die Frage offen, warum die Formulierung »Mensch« gewählt wurde, also die Frage nach den Gründen der Gleichsetzung der Begriffe »Person« und »Mensch« im Deutschen. Warum wird schon im Titel der Konvention, in der es um die *Rechte* von »Personen« mit Behinderungen gehen könnte, der Rechtsstatus »Person« nicht genutzt, sondern der Gattungsbegriff Mensch gewählt?

Eine weitere Frage zur Systematik der Übersetzung betrifft den Begriff »Inklusion«. Alle Laien und Professionellen, die sich mit der Konvention und deren Umsetzung im Alltag beschäftigen, beziehen sich (zu Recht) auf diese Konvention (wie auch dieser Beitrag), um inklusives Handeln zu begründen. Bemerkenswerterweise findet man die Wörter »Inklusion« oder »inklusiv« im gesamten ins Deutsche übersetzten Text nicht ein einziges Mal. Dagegen taucht er im Originaltext (inclusion) in Artikel 3, 19, 24, 26 auf. Er wird dreimal mit »Einbeziehung« und einmal mit »Integration« (Artikel 24) übersetzt. Der Begriff »inclusive« wird in Artikel 24 (2x) als »integrativ« und in Artikel 32 als »einbezieht« übersetzt.

Es ist unverständlich, warum der in deutschen (und anderen) professionellen Kreisen seit der letzten Dekade des 20. Jahrhunderts zunehmend gebrauchte und inhaltlich diskutierte Begriff »Inklusion« nicht für die Übersetzung verwendet wurde. Er war schon lange vorher aus dem internationalen Schrifttum übernommen und war zum Zeitpunkt der Ratifizierung keineswegs ein unbekanntes Wort. Die Übersetzung von »Inclusion« im Originaltext als »Integration« und »integrativ« ist eindeutig falsch. Beide Begriffe existieren in Englischen wie im Deutschen nebeneinander. In beiden Sprachen entsprechen sie sich mit je unterschiedlicher Bedeutung.

Interessant ist die Tatsache, dass es sich um eine »Zwischen Deutschland, Liechtenstein, Österreich und der Schweiz abgestimmte Übersetzung« handelt. Diese falsche Übersetzung wird auf breiter deutschsprachiger Grundlage getragen. Aber bemerkenswerterweise wurde bei der Vereinbarung die *Autonome Deutschsprachige Gemeinschaft Belgiens* (in deren Dokument S. 1 Fußnote 2) nicht berücksichtigt. Der obige Text der Konvention wurde in zwei Begriffen der Übersetzung ins Deutsche für die Verabschiedung im dortigen Parlament in Belgien korrekt gefasst: »Inklusion« bzw. »inklusiv« statt »Integration« bzw. »integrativ« sowie »selbstbestimmtes Leben« statt »unabhängige Lebensführung«. Offenbar hat in der Zwischenzeit in Österreich eine Diskussion über die Fehlübersetzung stattgefunden, die 2016 zu einer Korrektur geführt hat.

Es bleibt also die Frage bestehen, was der Anlass für diese befremdliche Wortwahl für die Übersetzungen gewesen sein mag. Die deutschsprachigen Belgier und später die Österreicher bewiesen offenbar eine größere sprachliche Sensibilität, warum? Alle Fachleute, die sich mit dem Thema beschäftigen, schreiben oder argumentieren in einer Paradoxie. Auf dem Boden einer fehlerhaften Übersetzung wird fiktiv der korrekte Begriff vorausgesetzt. Lauert hinter dem Begriff »Inklusion« eine Gefahr? *Honi soit qui mal y pense.*

Literatur

Ahnert, Lieselotte (2007): Herausforderungen und Risiken in der frühen Bildungsvermittlung. In: Frühförderung interdisziplinär, 26. Jg., 58–65.

Albers, Timm (2015): Kompetent für Inklusion? Anforderungen an professionelles Handeln im Kontext von Heterogenität. In: Lilith König & Hans Weiß (Hrsg.): Anerkennung und Teilhabe für entwicklungsgefährdete Kinder – Leitideen in der Interdisziplinären Frühförderung. Stuttgart: W. Kohlhammer, 246–254.

Appell (2019): Exklusion beenden: Kinder- und Jugendhilfe für alle jungen Menschen und ihre Familien. In: Kinderärztliche Praxis 90, 447–448.

Autonome Deutschsprachige Gemeinschaft Belgiens. http://www.dpb.be/Downloads/Gesetzgebung/UNKRMB_DE.pdf (Zugriff 10.02.2016).

Behringer, Luise & Höfer, Renate (2005): Wie Kooperation in der Frühförderung gelingt. München: Ernst Reinhard Verlag.

Bielefeld, Heiner (2009): Zum Innovationspotenzial der UN-Behindertenrechtskonvention. Deutsches Institut für Menschenrechte (Hrsg.) http://www.institut-fuer-menschenrechte.de/publikationen/suche/ (Zugriff 16.01.2016).

Booth, Tony & Ainscow, Mel (2003): Index für Inklusion. Halle-Wittenberg: Martin-Luther-Universität.

Bundesvereinigung Lebenshilfe (1975): Frühe Hilfen – Wirksamste Hilfen. Marburg: Selbstverlag.

Dannenbeck, Clemens & Dorrance, Carmen (2017): Vom Wert der Inklusion. In: Donja Amirpur & Andrea Platte (Hrsg.): Handbuch Inklusive Kindheiten. Opladen & Toronto: Barbara Budrich.

Dederich, Markus (2016): Ethische Grundlagen. In: Ingeborg Hedderich et al. (Hrsg.): Handbuch Inklusion und Sonderpädagogik. Bad Heilbrunn: Julius Klinkhardt, 81–87.

Deutscher Kinderschutzbund Bundesverband e.V. (2016): Kinderarmut in Deutschland 2016. http://www.dksb.de/CONTENT/SHOWPAGE.ASPX?CONTENT=459&TPL=0 (Zugriff 01.02.2016).

Early Childhood Intervention Australia (ECIA) (2016): National Guidelines, Best Practice in Early Childhood Intervention. http://www.ecia.org.au/resources/best-practice-guidelines (Zugriff 18.09.2016).

FRANZL III (2010): http://www.fruehfoerderung-bayern.de/fileadmin/files/PDFs/FranzL_Resultate/Resultate_Teil_III.pdf (Zugriff 16.01.2013).

Gebhard, Britta (2015): Ein Bild sagt mehr als 1000 Worte – Video Interaktionsbegleitung zu Reflexion und Erweiterung des professionellen Handelns. In: Lilith König & Hans Weiß (Hrsg.): Anerkennung und Teilhabe für entwicklungsgefährdete Kinder – Leitideen in der Interdisziplinären Frühförderung. Stuttgart: W. Kohlhammer, 255–262.

Guralnick, Michael J. (2011): Why Early Intervention Works – A Systems Perspective. In: Infants and Young Children, Vol. 24, No.1, 6–28.

Heimlich, Ulrich (2015): Inklusion und Qualität – Auf dem Weg zur inklusiven Kindertagesbetreuung. In: Frühförderung interdisziplinär, 35 Jg., 28–39.

Hollenweger, Judith, (2016): Situationsanalyse. In: Ingeborg Hedderich et al. (Hrsg.): Handbuch Inklusion und Sonderpädagogik. Bad Heilbrunn: Julius Klinkhardt, 674–679.

Hollmann, Helmut, Kretzschmar, Christoph & Ronald G. Schmid (2014): Qualität in der Sozialpädiatrie. Band 1, Das Altöttinger Papier. http://www.dgspj.de/wp-content/uploads/qualitaetssicherung-altoettinger-papier-20141.pdf (Zugriff 01.02.2016).

Hüttmann, Gitta (2020): SGB IX/BTHG – ein optimiertes Leistungsgesetz für die interdisziplinäre Frühförderung.In: Frühförderung interdisziplinär, 39. Jg., 56–58.

ICF, Internationale Klassifikation der Funktionsfähigkeit, Behinderung und Gesundheit. DIMDI (Hrsg.) (2005). http://www.dimdi.de/dynamic/de/klassi/downloadcenter/icf/endfassung/icf_endfassung-2005-10-01.pdf (Zugriff 08.04.2016).

Institut für Menschenrechte: Wer Inklusion will sucht Wege – Zehn Jahre UN BRK in Deutschland. https://www.institut-fuer-menschenrechte.de/filead min/user_upload/Publikationen/ANALYSE/Wer_Inklusion_will_sucht_Wege _Zehn_Jahre_UN_BRK_in_Deutschland.pdf (Zugriff 02.02.2020).

Kemp, Coral (2016): Inclusion: Are We Settling for Accommodation When We Should Be Intervening for Better Outcomes? http://depts.washington.edu/isei/ISEI_Program.pdf (Zugriff 08.06 2016).

Klein, Eva (2013): Familienorientierung in der Frühförderung. In: Frühförderung interdisziplinär, 32. Jg., 82–96.

Klein, Ferdinand (2016): Stichwort: Inklusive Frühpädagogik. In: Frühförderung interdisziplinär, 35. Jg., 106–109.

Koalitionsvertrag zwischen CDU, CSU und SPD: Deutschlands Zukunft gestalten, 18. Legislaturperiode, 2013, 78. https://www.cdu.de/sites/default/files /media/dokumente/koalitionsvertrag.pdf (Zugriff 14.04.2016).

Klose, Corinna & Willmann, Marc (2019): Frühe Kindheit im Spannungsfeld von Pädagogik und Fürsorge: Frühförderung als Inklusionshilfe und Exklusionsrisiko. In: Roland Stein, Pierre-Carl Link & Philipp Hascher (Hrsg.): Frühpädagogische Inklusion und Übergänge. Berlin: Frank und Timme, S. 87–119.

Kobe Neuhaus, Daniela (2012): Pädagogik der Vielfalt – Inklusion und Qualität. In: Britta Gebhard, Birgit Hennig & Christoph Leyendecker (Hrsg.): Interdisziplinäre Frühförderung, inklusiv – kooperativ – inklusiv. Stuttgart: Kohlhammer, 305–313.

Kratz, Marian & Klein, Eva (2019): Inklusion gemeinsam weiterentwickeln – Kooperationsmöglichkeiten von Kinderbetreuungseinrichtungen und Frühförderstellen mit besonderem Fokus auf das Angebot der heilpädagogischen Fachberatung. In: Britta Gebhard, Sebastian Möller-Dreischer, Andreas Seidel & Armin Sohns (Hrsg.): Frühförderung wirkt – von Anfang an. Stuttgart: Kohlhammer, 168–175.

Kreuzer, Max & Klaverkamp, Antje (2012): »Dabeisein ist nicht alles« – Pädagogische Ansätze zur Förderung der sozialen Inklusion in Kindertagesstätten. In: Britta Gebhard, Birgit Hennig & Christoph Leyendecker (Hrsg.): Interdisziplinäre Frühförderung, inklusiv – kooperativ – inklusiv. Stuttgart: Kohlhammer, 331–339.

Krinninger, Gerhard (2017): Das Bundesteilhabegesetz – eine praxis- und zukunftsorientierte Betrachtung aus der Perspektive der interdisziplinären Frühförderung. In: Frühförderung interdisziplinär, 36. Jg.; 230–237.

Kühl, Jürgen (1099): Steht die Autonomie des jungen Kindes zu Diagnostik und Therapie oder trägt sie zu deren Bereicherung bei? In: Jürgen Kühl (Hrsg.): Die Autonomie des jungen Kindes in der Frühförderung, Würzburg: Edition Bentheim, 3–19.

Kühl, Jürgen (2015): Interdisziplinäre Frühförderung und Frühpädagogik – Reflexionen über eine »Schnittstelle«. In: Frühförderung interdisziplinär 34. Jg., 131–139

Largo, Remo H. (2004): Entwicklung des Sozialverhaltens. In: Hans G. Schlack (Hrsg.): Entwicklungspädiatrie. München: Hans Marseille Verlag, 85–93.

Leu, H.R. & von Behr, A. (2010): Forschung und Praxis der Frühpädagogik. München/Basel: Ernst Reinhardt Verlag.

Ludwig-Körner, Christiane (2016): Frühe Hilfen – Frühförderung. Reflexionen über unterschiedliche Aus-, Fort- und Weiterbildungen – Ein Plädoyer für eine Professionalisierung des Berufs Frühförderung. In: Britta Gebhard, Andreas Seidel, Armin Sohns & Sebastian Möller-Deischer (Hrsg.): Frühförderung mittendrin – in Familie und Gesellschaft, Stuttgart: Kohlhammer, 345–354.

LVR-Projekt 2008–2011 (2011). http://www.lvr.de/media/wwwlvrde/jugend/beruns/politik_1/dokumente_53/20110719_17JHK_ProfStraetz.pdf (Zugriff 03.02.2016).

McWilliam (2019): Early Intervention in Natural Environments. http://naturalenvironments.blogspot.com/ (Zugriff 18.12.2019).

Michaelis, Reinhard (2004): Entwicklung der emotionalen Kompetenz. In: Hans G. Schlack (Hrsg.): Entwicklungspädiatrie. München: Hans Marseille Verlag, 71–84.

Nationales Zentrum Frühe Hilfen (NZFH) (2013): »Interdisziplinäre Frühförderung im System der Frühen Hilfen«. Dokumentation der Fachtagung. Bonn http://www.fruehehilfen.de/fileadmin/user_upload/fruehehilfen.de/downl oads/Interdisziplinaere_Fruehfoerderung.pdf (Zugriff 14.04.2016).

Niemann, Gerhard (2019): Welche Bedeutung haben die modernen Neurowissenschaften für die Frühförderung. In: Frühförderung interdisziplinär, 38. Jg., 3–14.

Papousek, Mechthild (2010): Psychobiologische Grundlagen der kindlichen Entwicklung im systemischen Kontext der frühen Eltern-Kind-Beziehungen. In: Leyendecker, Christoph (Hrsg.): Gefährdete Kindheit – Risiken früh erkennen und Ressourcen früh fördern. Stuttgart: Kohlhammer, 30–38.

Prengel, Annedore (2010): Inklusion in der Frühpädagogik – Bildungstheoretische, empirische und pädagogische Grundlagen, Weiterbildungsinitiative Frühpädagogische Fachkräfte (WiFF). München: Deutsches Jugendinstitut e. V.

Prengel, Annedore (2014): Inklusion in der Frühpädagogik. Bildungstheoretische, empirische und pädagogische Grundlagen (WIFF Expertisen). https://www.weiterbildungsinitiative.de/uploads/media/Inklusion_in_der_Frühpäd agogik_5Band_2uebaAuflge_2014_Prengel.pdf (Zugriff 17.02.15).

Roggman, L. A., Cook, G. A., Innocenti, M. S., Jump Norman, V. & Christiansen, K. (2013): Parenting interactions with children: Checklist of observations linked to outcomes (PICCOLO) in diverse ethnic groups. Infant Mental Health Journal, 34, S. 290–306. https://www.researchgate.net/publication/ 264311161_Roggman_L_A_Cook_G_A_Innocenti_M_S_Jump_Norman_V_Christ iansen_K_2013_Parenting_interactions_with_children_Checklist_of_observati ons_linked_to_outcomes_PICCOLO_in_diverse_ethnic_groups_Infant_Mental_ Health (Zugriff 01.02.2016).

Sarimski, Klaus (2012): Behinderte Kinder in inklusiven Kindertagesstätten. Stuttgart: Kohlhammer.

Sarimski, Klaus (2015): Dabeisein ist nicht alles – oder doch? In: Frühförderung interdisziplinär 34. Jg., 141–151.

Sarimski, Klaus, Hintermair, Manfred & Lang, Markus (2013): »Auf die Familie kommt es an.« – Familienorientierte Frühförderung und inklusive Krippenförderung. In: Frühförderung interdisziplinär, 32. Jg., 195–205.

Schlack, Hans G. (1989a): Paradigmawechsel in der Frühförderung. In: Frühförderung interdisziplinär 8. Jg., Heft 1, 13–18.

Schlack, Hans G. (1989b): Psychosoziale Einflüsse auf die Entwicklung. In: Dieter Karch et al: Normale und gestörte Entwicklung. Berlin: Springer, 41–49.
Schlack, Hans G. (2008): Wie (un)gesund sind Kinder in Deutschland? Fakten, Einschätzungen, Handlungsbedarf. In: Frühförderung interdisziplinär, 27. Jg., 147–154.
Schriftenreihe der LAG Frühe Hilfen Hessen 2 (2012) http://www.fruehe-hilfen-hessen.de/uploads/media/SchriftenreiheLAGNr.2.pdf (Zugriff 04.04.2016).
Schuntermann, Michael F. (2007): Einführung in die ICF. Landsberg/Lech: ECOmed Verlag.
Seitz, S. (2012): Frühförderung inclusive? Inklusive Pädagogik in Kindertageseinrichtungen mit Kindern bis zu 3 Jahren. In: Britta Gebhard, Birgit Hennig & Christoph Leyendecker (Hrsg.): Interdisziplinäre Frühförderung, inklusiv – kooperativ – inklusiv. Stuttgart: Kohlhammer, 315–322.
Seitz, S. & Korff, N. (2008): Modellprojekt: Förderung von Kindern mit Behinderung unter drei Jahren in Kindertageseinrichtungen – Abschlussbericht zur wissenschaftlichen Begleitung. Münster, Landschaftsverband Westfalen-Lippe. http://www.lwl.org/lja-download/datei-download2/LJA/tagbe/behki/mpu3/1221568875_0/ModellU3miBi.pdf (Zugriff 19.01.2013).
Singer, Wolf (2000): Was kann ein Mensch wann lernen. In: N. Killius, J. Kluge & L. Reisch (Hrsg.): Die Zukunft der Bildung. Frankfurt: Suhrkamp, 78–99
Simon, Liane & Andreas Seidel (2016): Implementierung der ICF in der Frühförderung in Deutschland. In: Frühförderung interdisziplinär, 35. Jg., 138–145.
Simon, Liane & Gebhard, Britta (2019): Facetten von Partizipation und Teilhabe in der Frühförderung. In: Frühförderung interdisziplinär, 38. Jg., 173–147.
Sohns, Armin (2010): Frühförderung – Ein Hilfesystem im Wandel. Stuttgart: Kohlhammer.
Sohns, Armin, Schaumberg, Tosten (2019): Das Bundesteilhabegesetz als Rechtsgrundlage der Frühförderung – Ein Einblick in wesentliche Veränderungen. In: Gebhard, Britta, Sebastian Möller-Dreischer, Andreas Seidel & Armin Sohns (Hrsg.): Frühförderung wirkt – von Anfang an. Stuttgart: Kohlhammer, 259-268.
Speck, Otto (2003): System Heilpädagogik – Eine ökologisch reflexive Grundlegung. München: Ernst Reinhardt Verlag.
Speck, Otto (2012): Sind interdisziplinäre Frühförderstellen mit dem Inklusionsprinzip vereinbar? In: Frühförderung interdisziplinär, 31. Jg., 46–49.
Stern, Daniel N. (1999): Tagebuch eines Babys (7. Auflage). München: Piper.
Stinkes, Ursula (2016): Der ambivalente Status des Menschen: Verwundbarkeit und Selbstverwirklichung. In: Behinderte Menschen, 39. Jg., 2, S. 37

https://www.behindertemenschen.at/index.php//content/view/full/14214 (Zugriff 30.01.2020).

Thomae, Ingeborg (1975): Beratung und Anleitung junger Eltern behinderter Kinder. In: Bundesvereinigung Lebenshilfe e. V.: Frühe Hilfen – Wirksamste Hilfen. Marburg/Lahn, 129–132.

Thurmair, Martin & Naggl, Monika (2003): Praxis der Frühförderung (2. Auflage). München: Ernst Reinhardt Verlag.

Tophoven, Silke, Lietzmann, Torsten, Reiter, Sabrina, Wenzig, Claudia, Institut für Arbeitsmarkt- und Berufsforschung (IAB): Armutsmuster in Kindheit und Jugend – Längsschnittbetrachtungen von Kinderarmut. https://www.bertelsmannstiftung.de/fileadmin/files/Projekte/Familie_und_Bildung/Studie_WB_Armutsmuster_in_Kindheit_und_Jugend_2017.pdf (Zugriff 23.05.2019).

Touwen, B.C.L. (1993): How normal is variable and how variable is normal. In: Early Human Development 34, S. 1–12.

The UNESCO (1): Salamanca Statement 1994. http://www.csie.org.uk/inclusion/unesco-salamanca.shtml (Zugriff 21.04.2016).

UNESCO (2): Die Salamanca Erklärung, Spanien, 7.-10. Juni 1994. http://www.unesco.at/bildung/basisdokumente/salamanca_erklaerung.pdf (Zugriff 21.04.2016).

UNESCO (3): Guidelines for Inclusion: Ensuring Access to Education for All, Published in 2005 by the United Nations Educational, Scientific and Cultural Organization. http://unesdoc.unesco.org/images/0014/001402/140224e.pdf (Zugriff 22.04.2016).

UNICEF: Kinderrechte ins Grundgesetz. http://www.dksb.de/images/web/PDFs/Formulierungsvorschlag%20KR%20ins%20GG-2012-11-14-js.pdf (Zugriff 06.04.2016).

Vereinigung für Interdisziplinäre Frühförderung e. V. Qualitätsstandards (2015). https://viff-fruehfoerderung.de/mitglieder-aktuelles/veroeffentlichungen/

Vonderlin, Eva (2004): Interdisziplinäre Frühförderung und Elternselbsthilfegruppen – Kooperation oder Konkurrenz? In: Kühl, Jürgen (Hrsg.): Frühförderung und SGB IX – Rechtsgrundlagen und praktische Umsetzung. München: Ernst Reinhardt Verlag, 111–122.

Weiß, Hans, (2007): Was brauchen Kinder und ihre Familien? In: Frühförderung interdisziplinär, 26. Jg., 78–86.

Weiß, Hans (2015): Anerkennung im Kontext der Frühförderung: Arbeit mit Kind und Familie im Spannungsfeld zwischen Verändernwollen und Respekt vor dem Gegebenen. In: Lilith König & Hans Weiß (Hrsg.): Anerkennung und Teilhabe für entwicklungsgefährdete Kinder – Leitideen in der Interdisziplinären Frühförderung. Stuttgart: W. Kohlhammer, 24–39.

Weiß, Hans, (2019): Teilhabe im Kontext der Frühförderung. In: Frühförderung interdisziplinär, 38. Jg., 191–206.
Wurst, Carsten (2020): Nichtärztliche sozialpädiatrische Leistungen im SPZ – Versuch einer aktuellen